해 봐!

하루 10분

왕초보 중국어

머리말

아직도 중국어가 어렵다고 생각하세요? 한자 학습이 부담스럽고, 성조와 발음이 너무 낯설다고요? 이제 더 이상 중국어 배우기를 망설이지 마세요. 『해 봐! 하루 10분 왕초보 중국어』를 손에 든 순간, 그 망설임은 어느새 싹 사라질 거예요.

『해 봐! 하루 10분 왕초보 중국어』는 간단한 패턴과 문장들로 하루 10분 짧은 시간을 활용해 중국어를 학습하는 책입니다. 중국어를 처음 시작하는 학습자들에게 가장 필요한 문장 표현부터 입에서 바로 내뱉을 수 있도록 구성하였으며, 원어민 음성 MP3와 무료 동영상 강의로 보다 쉽게 이 책의 내용을 학습할 수 있도록 하였습니다. 중국어 어법을 웬만큼 잘 알아도 회화에 약했던 분들, 단어는 많이 알지만 말문이 터지지 않았던 분들, 더 나아가 HSK, BCT, TSC 등 말하기 테스트를 준비하는 모든 분들에게 이 책은 큰 효과와 도움을 줄 것입니다.

『해 봐! 하루 10분 왕초보 중국어』는 어떻게 하면 쉽고 빠르게 학습자의 말문을 틔울 수 있을까라는 고민에서 출발했습니다. 이 책을 통해 중국어 학습을 이제 막 시작했거나 또는 중도 포기했던 학습자들이 중국어는 어려운 언어가 아닌 재미있고 쉬운, 정말 매력적인 언어라는 것을 알 수 있기를 바랍니다. 중국어를 공부하고 알아갈수록 중국인들이 의외로 쉽고 간단한 패턴으로 의사소통 한다는 것 또한 알게 되실 겁니다.

이 책이 나오기까지 많은 도움을 주신 출판사 분들, 항상 지지와 응원을 보내주는 가족, 교정에 도움을 주신 郭祎, 崔玉华선생님, 감수에 힘써주신 北京语言大学의 金海月교수님께 감사 인사를 전합니다.

저자 윤유나

이 책의 100% 활용법

중국어가 어렵다고 생각하세요?

중국어는 사실 어려운 언어가 아닙니다. 단지 어릴 적 배웠던 한자 공부에 대한 막연한 거부감과 한글과는 너무나 다른 성조, 발음이 익숙하지 않아 '어렵다'라는 선입견이 생겼을 뿐이에요. 일단 이 책을 가벼운 마음으로 천천히 읽어 보세요. 발음 먼저, 성조 먼저 익히느라 지치지 말고, 한 문장 한 문장 내뱉으면서 중국어의 감을 익혀 보세요. '아, 중국어는 이런 언어구나'라는 기본 개념만 이해해도 중국어와의 첫 만남이 훨씬 친근하고 부담스럽지 않을 것입니다. 아마도 이 책을 덮고 나면 틀림없이 중국어를 더 알아가고 싶을 거예요.

자, 이제 시작해 보세요!

중국어가 쉬워지는 기본 상식 8가지

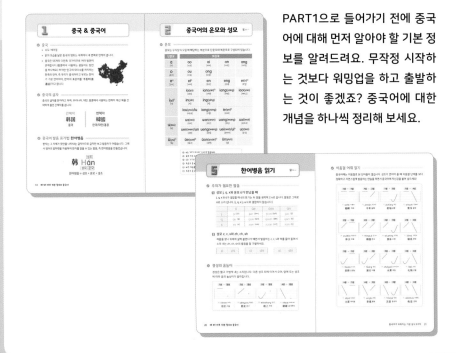

PART1으로 들어가기 전에 중국어에 대해 먼저 알아야 할 기본 정보를 알려드려요. 무작정 시작하는 것보다 워밍업을 하고 출발하는 것이 좋겠죠? 중국어에 대한 개념을 하나씩 정리해 보세요.

하루 10분 플랜으로 입에서 바로 나오는 중국어

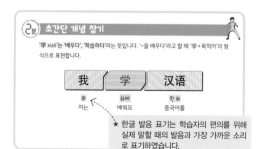

STEP 1

초간단 개념 잡기

학습 패턴의 개념을
한눈에 쉽게 익혀 보세요.

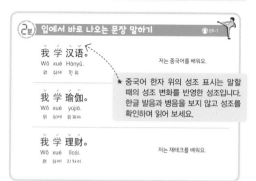

STEP 2

문장 바로 말하기

문장을 소리 내어 읽으면서
패턴의 활용 방법을
익혀 보세요.

STEP 3

회화로 응용하기

패턴 문장이 회화에서
어떻게 적용되는지 확인하면서
회화를 연습해 보세요.

3분 문제로 확인해 보기

1 저는 중국어를 배워요. ▶

2 그녀는 요가를 배워요. ▶

3 그는 요즘 영어를 배워요. ▶

STEP 4

문제로 확인하기

학습한 문장을 직접 써 보면서
다시 한번 소리 내어
읽어 보세요.

5

각 파트의 학습 내용을 정리해 주는 리뷰 페이지

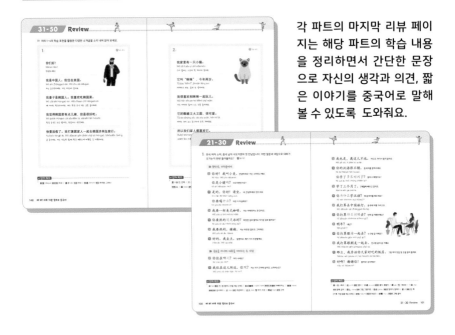

각 파트의 마지막 리뷰 페이지는 해당 파트의 학습 내용을 정리하면서 간단한 문장으로 자신의 생각과 의견, 짧은 이야기를 중국어로 말해 볼 수 있도록 도와줘요.

이 정도는 알고 있자! 중국 인물&음식&문화

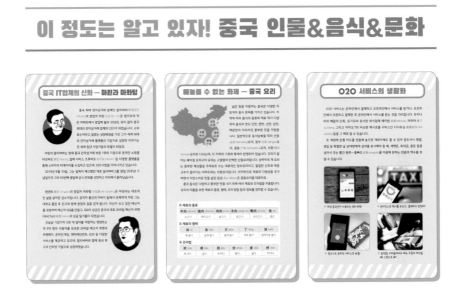

패턴 문장을 직접 써 보는 쓰기 노트

별책 부록 으로 구성한
쓰기 노트에 학습한 패턴 문장을
직접 써 보면서 완벽하게
이해해 보세요.

다양한 학습 자료 활용법

음원

www.sisabooks.com/chinese
시사중국어사 홈페이지에서
다운로드하여 듣기

콜롬북스 앱에서
해 봐! 하루 10분 왕초보 중국어
검색하여 듣기

동영상 강의

www.sisabooks.com/chinese
시사중국어사 홈페이지에서 바로 보기

유튜브에서
해 봐! 하루 10분 왕초보 중국어
검색하여 보기

목차

중국어가 쉬워지는 기본 상식 8가지

PART 01 자기소개하기! 12문장으로 끝내는 기본 표현

PART 02 　보디랭기지 대신 말로! 8가지 필수 동사 표현

중국어가
쉬워지는
기본 상식
8가지

중국 & 중국어

✓ 중국

- 수도: 베이징
- 닭의 모습을 닮은 중국의 영토는 세계에서 네 번째로 면적이 큽니다.
- 중국은 56개의 다민족 국가이므로 여러 방언이 존재합니다.(홍콩에서 사용하는 광둥어도 방언 중 하나예요.) 하지만 인구의 대다수를 차지하는 한족의 언어, 즉 우리가 중국어라고 부르는 한어가 기본 언어이며, 한어의 표준어를 '푸퉁화(普通话)'라고 합니다.

✓ 중국의 글자

중국의 글자를 한자라고 하며, 우리나라, 대만, 홍콩에서 사용하는 번체자 대신 획을 간략하게 줄인 간체자를 씁니다.

간체자	번체자
韩国	**韓國**
중국	한국/대만/홍콩

✓ 중국어 발음 표기법 한어병음

한자는 그 자체가 뜻만을 나타내는 글자이므로 글자만 보고 발음하기 어렵습니다. 그래서 영어의 알파벳을 차용하여 한자를 읽을 수 있는 발음, 즉 한어병음을 만들었습니다.

韩 Hán

성조

성모 운모

한어병음 ➡ 성모 + 운모 + 성조

중국어의 운모와 성모

✅ 운모

운모는 우리말의 모음에 해당하는 부분으로 단운모와 복운모로 구성되어 있습니다.

단운모	복운모			
a [아]	ao [아오]	ai [아이]	an [아안]	ang [아앙]
o [오어]	ou [오우]	ong [오웅]		
e❶ [으어]	ei❹ [에이]	en [으언]	eng [으엉]	er(r)❺ [으얼]
i(yi)❷ [이]	ia(ya) [이아]	ian(yan)❻ [이엔]	iang(yang) [이양]	iao(yao) [이아오]
	in(yin) [인]	ing(ying) [잉]		
	iou(you)/iu [이오우]	iong(yong) [이옹]	ie(ye)❹ [이에]	
u(wu) [우]	ua(wa) [우아]	uan(wan) [우안]	uang(wang) [우앙]	uai(wai) [우아이]
	uen(wen)/un [우언]	ueng(weng) [우엉]	uei(wei)/ui❹ [우에이]	uo(wo) [우오]
ü(yu)❸ [위]	üe(yue)❹ [위에]	üan(yuan)❻ [위엔]	ün(yun) [윈]	

❶ e는 '에'가 아니라 '으어'로 발음해요.
❷ 괄호 안은 모두 모음이 단독으로 왔을 때의 표기법이에요.
❸ ü는 '우'의 입 모양을 유지한 채 '위' 소리를 내며 발음해요.
❹ 복운모 중 ei, ie, uei, üe는 e를 '으어'가 아니라 '에'로 소리 내요.
❺ er은 혀끝을 살짝 말아 소리 내요.
❻ 복운모 중 ian, üan은 a를 '아'가 아니라 '에'로 소리 내요.

✅ 성모

성모는 우리말의 자음에 해당합니다. 발음하는 방법에 따라 아래와 같이 분류하며,
총 21개의 성모가 있습니다.

b(o)❶ [뽀어]	**p(o)** [포어]	**m(o)** [모어]	**f(o)❷** [포어]
d(e) [뜨어]	**t(e)** [트어]	**n(e)** [느어]	**l(e)** [르어]
g(e) [끄어]	**k(e)** [크어]	**h(e)** [흐어]	
j(i) [지이]	**q(i)** [치이]	**x(i)** [씨이]	
z(i)❸ [쯔으]	**c(i)** [츠으]	**s(i)** [쓰으]	
zh(i) [즈으]	**ch(i)** [츠으]	**sh(i)** [스으]	**r(i)** [르으]

❶ 성모는 성모만으로 발음하기 어려우므로 괄호 안의 단운모와 함께 결합시켜 소리 내요.

❷ 영어의 f 발음처럼 아랫입술을 살짝 깨물며 소리 내요.

❸ z, c, s와 zh, ch, sh, r의 뒤에 오는 i는 '이' 발음이 아닌 '으'로 발음해요.

중국어의 성조 🎧 00-2

✅ 성조

중국어는 글자마다 고유의 높낮이가 정해져 있습니다. 바로 '성조 **声调** shēngdiào [셩띠아오]'입니다. 성조는 1성, 2성, 3성, 4성과 경성이 있습니다.

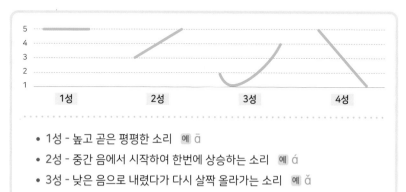

- 1성 - 높고 곧은 평평한 소리 예 ā
- 2성 - 중간 음에서 시작하여 한번에 상승하는 소리 예 á
- 3성 - 낮은 음으로 내렸다가 다시 살짝 올라가는 소리 예 ǎ
- 4성 - 가장 높은 음에서 낮은 음으로 뚝 떨어지는 소리 예 à
- 경성 - 표기하지 않으며, 짧고 가볍게 내는 소리 예 a

성모와 운모가 같아도 성조가 다르면 의미도 달라지므로 성조를 지켜서 발음해야 합니다.

"请 问 一下。"
Qǐng wèn yíxià.
칭 원 이씨아

말씀 좀 물을게요.

✓ 问 wèn [원] 묻다

"请 吻 一下。"
Qǐng wěn yíxià.
칭 원 이씨아

키스 좀 할게요.

✓ 吻 wěn [원] 키스하다, 입맞춤하다

성조의 변화 🎧00-3

✅ 3성의 성조 변화

1 3성 + 3성

3성이 연이어 올 경우, 앞의 3성은 2성으로 발음합니다. 단, 표기는 그대로 3성으로
표시합니다.

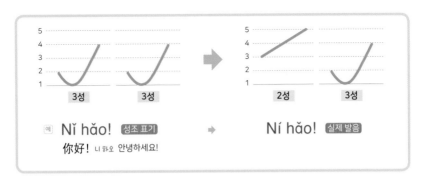

| 3성 | 3성 | → | 2성 | 3성 |

예 Nǐ hǎo! 성조 표기 → Ní hǎo! 실제 발음
你好! 니 하오 안녕하세요!

2 반(半)3성

3성 뒤에 다른 성조(1성, 2성, 4성, 경성)가 오면 앞의 3성을 반(半)3성으로 발음
합니다. 반3성이란 3성의 소리 중 앞부분의 내려가는 소리만 내고 올라가는 부분
의 소리는 내지 않는 것을 말합니다.

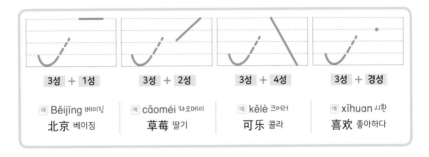

| 3성 + 1성 | 3성 + 2성 | 3성 + 4성 | 3성 + 경성 |

예 Běijīng 베이징   예 cǎoméi 챠오메이   예 kělè 크어러   예 xǐhuan 시환
北京 베이징   草莓 딸기   可乐 콜라   喜欢 좋아하다

✔ 不 bù의 성조 변화

'不 bù [뿌]'는 '~않다', '~이 아니다'라는 뜻의 부정부사입니다. 원래 4성이지만, 뒤에 4성이 오면 2성으로 발음하고 표기합니다.

bù + 1성, 2성, 3성	bú + 4성
• 不听 bù tīng 뿌팅 듣지 않다 • 不来 bù lái 뿌라이 오지 않다 • 不好 bù hǎo 뿌하오 좋지 않다	• 不是 bú shì 부스 아니다

✔ 一 yī의 성조 변화

'一 yī [이]'는 숫자 '1', '하나'의 뜻입니다. 단독으로 쓰이거나 서수로 쓰일 때만 1성으로 읽고, 그 외의 경우에는 뒤에 오는 성조에 따라 2성과 4성으로 발음하고 표기합니다.

yì + 1성, 2성, 3성	yí + 4성, 경성
• 一天 yì tiān 이티엔 1일 • 一年 yì nián 이니엔 1년 • 一起 yìqǐ 이치 함께, 같이	• 一定 yídìng 이띵 꼭, 반드시 • 一个 yí ge 이 그어 한 개

✔ 성조 표기 규칙

- 성조는 운모(a, o, e, i, u, ü) 위에 표기합니다.
- 한 음절에 성조는 하나만 표기합니다.
- 복운모일 경우, 성조 표기 우선 순위는 a > o/e > i/u/ü 입니다.
- i와 u가 같이 있으면 뒤에 있는 운모에 표기합니다.
- i 위에 성조는 점을 생략(ī, í, ǐ, ì)하고 표기합니다.

한어병음 읽기

🎧 00-4

✅ 주의가 필요한 발음

1 성모 j, q, x와 운모 ü가 만났을 때

j, q, x와 ü가 결합할 때 ü의 표기는 두 점을 생략하고 u로 씁니다. 발음은 그대로 ü로 소리 냅니다. (j, q, x는 u[우]와 결합하지 않습니다.)

	ü	üe	üan	ün
j	ju [쥐]	jue [쥐에]	juan [쥐엔]	jun [쥔]
q	qu [취]	que [취에]	quan [취엔]	qun [췬]
x	xu [쉬]	xue [쉬에]	xuan [쉬엔]	xun [쉰]

2 성모 z, c, s와 zh, ch, sh

혀끝을 윗니 뒤쪽에 살짝 붙였다가 떼면서 발음하는 z, c, s와 혀를 들어 올려서 소리 내는 zh, ch, sh의 발음을 잘 구별하세요.

| zi | zhi | | ci | chi | | si | shi |

✅ 경성의 음높이

경성은 짧고 가볍게 내는 소리입니다. 다른 성조 뒤에 이어서 오며, 앞에 오는 성조에 따라 음의 높낮이가 달라집니다.

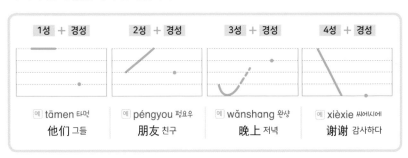

1성 + 경성	2성 + 경성	3성 + 경성	4성 + 경성
예 tāmen 타먼	예 péngyou 펑요우	예 wǎnshang 완샹	예 xièxie 씨에시에
他们 그들	朋友 친구	晚上 저녁	谢谢 감사하다

✔ 이음절 어휘 읽기

중국어에는 이음절로 된 단어들이 많습니다. 성조가 연이어 올 때 이음절 단어를 보다
정확하고 자연스럽게 발음하는 연습을 하면서 중국어에 자신감을 불어 넣으세요!

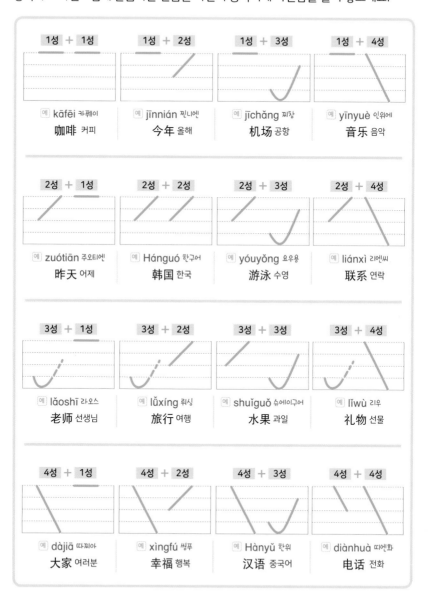

예 kāfēi 카페이
咖啡 커피

예 jīnnián 찐니엔
今年 올해

예 jīchǎng 찌창
机场 공항

예 yīnyuè 인위에
音乐 음악

예 zuótiān 주오티엔
昨天 어제

예 Hánguó 한구어
韩国 한국

예 yóuyǒng 요우융
游泳 수영

예 liánxì 리엔씨
联系 연락

예 lǎoshī 라오스
老师 선생님

예 lǚxíng 뤼싱
旅行 여행

예 shuǐguǒ 슈에이구어
水果 과일

예 lǐwù 리우
礼物 선물

예 dàjiā 따찌아
大家 여러분

예 xìngfú 씽푸
幸福 행복

예 Hànyǔ 한위
汉语 중국어

예 diànhuà 띠엔화
电话 전화

어법 기본 개념

✅ 중국어에는 띄어쓰기가 없어요.

우리말이나 영어는 띄어쓰기를 하지만 중국어는 띄어쓰기가 없습니다. 문장이 끊어질 때는 문장 부호를 쓰는데, 우리말과 비슷하면서도 조금은 다릅니다.

。	句号 [쥐 하오]	마침표	" "	引号 [인 하오]	따옴표
，	逗好 [또우 하오]	쉼표	！	叹号 [탄 하오]	느낌표
、	顿号 [뚠 하오] 단어나 구를 나열할 때 사용해요.		？	问号 [원 하오]	물음표

✅ 중국어는 높임말의 구분이 엄격하지 않아요.

중국어에는 반말이나 높임말이 따로 없습니다. 2인칭을 나타내는 '你 nǐ [니] 너'와 你의 높임말 '您 nín [닌] 당신'만 구분해 줍니다.

✅ 중국어는 단어의 형태 변화가 없어요.

중국어에는 과거, 현재, 미래 등 시제나 단수, 복수 등에 따른 어휘의 형태 변화가 없습니다. 일반적으로 시제나 단수, 복수의 의미를 가지고 있는 어휘를 사용하거나 추가합니다.

✅ 중국어의 기본 어순은 '주어+술어+목적어'예요.

중국어의 기본 어순은 영어와 같습니다. 하지만 관형어나 부사어의 위치는 우리말의 어순과 비슷합니다.

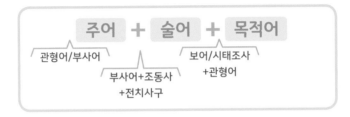

회화 기본 표현 🎧00-5

✅ 인칭대명사

	단 수			복 수	
1인칭	나	我 wǒ [워]	우리	我们 wǒmen [워먼]
2인칭	너, 당신	你 nǐ [니] 您 nín [닌] (你의 높임말)	너희들	你们 nǐmen [니먼]
3인칭	그	他 tā [타]	그들	他们 tāmen [타먼]
	그녀	她 tā [타]	그녀들	她们 tāmen [타먼]
	그것	它 tā [타]	그것들	它们 tāmen [타먼]

✅ 숫자

1	2	3	4	5	6	7	8	9	10
一	二	三	四	五	六	七	八	九	十
yī [이]	èr [얼]	sān [싼]	sì [쓰]	wǔ [우]	liù [리우]	qī [치]	bā [빠]	jiǔ [지우]	shí [스]

11		99	100	1,000	10,000	100,000,000
十一	...	九十九	一百	一千	一万	一亿
shí yī [스 이]		jiǔ shí jiǔ [지우 스 지우]	yì bǎi [이 바이]	yì qiān [이 치엔]	yí wàn [이 완]	yí yì [이 이]

✅ 요일

월요일	화요일	수요일	목요일	금요일	토요일	일요일
星期一	星期二	星期三	星期四	星期五	星期六	星期日/ 星期天
xīngqīyī [씽치이]	xīngqī'èr [씽치얼]	xīngqīsān [씽치싼]	xīngqīsì [씽치쓰]	xīngqīwǔ [씽치우]	xīngqīliù [씽치리우]	xīngqīrì [씽치르] / xīngqītiān [씽치티엔]

한 문장 간단 표현 🎧00-6

✅ 인사 표현

- 你好 nǐ hǎo 니하오 ⟶ 안녕, 안녕하세요
- 再见 zài jiàn 짜이 찌엔 ⟶ 잘 가, 또 만나요
- 谢谢 xièxie 씨에시에 ⟶ 감사해요
- 不客气 bú kèqi 부크어치 ⟶ 천만에요
- 对不起 duì bu qǐ 뚜이부치 ⟶ 미안해요
- 没关系 méi guānxi 메이 꽌시 ⟶ 괜찮아요

✅ 긍정으로 대답하기

- 好(的) hǎo (de) 하오 (더) ⟶ 좋다, OK
- 是 shì 스 ⟶ 응, 그래, 맞다
- 对 duì 뚜이 ⟶ 맞다, 그렇다
- 不错 búcuò 부추어 ⟶ 좋다, 괜찮다
- 当然 dāngrán 땅란 ⟶ 당연하다
- 知道了 zhīdào le 즈따오러 ⟶ 알았다
- 没问题 méi wèntí 메이 원티 ⟶ 문제 없다

✅ 부정으로 대답하기

- 不 bù 뿌 ⟶ 아니다
- 不行 bù xíng 뿌싱 ⟶ 안 된다, 싫다
- 没有 méi yǒu 메이 요우 ⟶ 없다, 그렇지 않다
- 不知道 bù zhīdào 뿌즈따오 ⟶ 모른다
- 听不懂 tīng bu dǒng 팅뿌동 ⟶ 알아들을 수 없다
- 不好意思 bù hǎo yìsi 뿌하오 이스 ⟶ 미안하다, 죄송하다

✓ 好 hǎo 하오 +형용사: ~하기 좋다

- 好看 hǎo kàn 하오 칸   보기 좋다
- 好听 hǎo tīng 하오 팅   듣기 좋다
- 好香 hǎo xiāng 하오 씨앙   향기롭다
- 好吃 hǎo chī 하오 츠   (음식이) 맛있다
- 好喝 hǎo hē 하오 흐어   (음료가) 맛있다
- 好玩儿 hǎo wánr 하오 왈   재미있다

✓ 기타

- 请问 qǐng wèn 칭 원   말씀 좀 여쭙겠습니다
- 加油 jiāyóu 찌아 요우   화이팅
- 干杯 gānbēi 깐 뻬이   건배
- 辛苦了 xīnkǔ le 씬 쿠 러   수고했어요
- 恭喜恭喜 gōngxǐ gōngxǐ 꽁시 꽁시   축하해요

PART
01

자기소개하기!
12문장으로 끝내는
기본 표현

안녕하세요!

대상/시간 + 好로 인사하기

강의 영상 보기

 초간단 개념 잡기

'좋다', '안녕하다'의 뜻을 지닌 '好 hǎo'는 앞에 대상이나 시간(때)을 나타내는 말과 함께 쓰여 처음 만났을 때 하는 가장 보편적인 인사말입니다.

你	好
니	하오
(너/당신)	안녕/안녕하세요

입에서 바로 나오는 문장 말하기 🎧 01-1

你 好!
Nǐ hǎo!
니 하오

> 한자 위의 성조는 말할 때의 성조 변화를 적용하여 표기했어요.

안녕! / 안녕하세요!

您 好!
Nín hǎo!
닌 하오

안녕하세요! (상대를 높여서)

早上 好!
Zǎoshang hǎo!
쟈오 샹 하오

> 3성 뒤에 3성을 제외한 나머지 성조가 오는 경우, 반3성으로 소리 내요.

좋은 아침이에요!

✓ **단어 체크**

你 nǐ 니 너, 당신 / 好 hǎo 하오 안녕, 안녕하세요 / 您 nín 닌 당신 / 早上 zǎoshang 쟈오 샹 아침

早上好!
Zǎoshang hǎo!
굿모닝!

*您好!
Nín hǎo!
안녕하세요!

☐ 上午 shàngwǔ [샹 우] 오전

☐ 下午 xiàwǔ [씨아 우] 오후

☐ 晚上 wǎnshang [완 샹] 저녁

☐ 老师 lǎoshī [라오 스] 선생님

☐ 你们 nǐmen [니 먼] 당신들, 너희들

☐ 大家 dàjiā [따 찌아] 여러분, 모두

★ 중국어는 우리말과 달리 높임말이 발달하지 않았지만 '你 nǐ [니]'를 높여 부르는 말로 '您 nín [닌]'을 써요. 격식을 차려야 할 때나 비즈니스 상황에서는 상대를 높여 부르는 것이 좋아요.

3분 문제로 확인해 보기

1 안녕!   ▶ _____

2 안녕하세요! (상대를 높여서)   ▶ _____

3 좋은 아침이에요!   ▶ _____

오늘의 10분 끝!

02 저는 유나라고 해요.

미니로 이름 말하기

2분 초간단 개념 잡기

'叫 jiào'는 '~라고 하다', '~라고 부르다'라는 뜻으로 이름을 말할 때 쓰는 표현입니다.

我	叫	维娜
워	찌아오	웨이 나
저는	라고 해요/라고 불러요	유나

2분 입에서 바로 나오는 문장 말하기

🎧 02-1

我 叫 维娜。
Wǒ jiào Wéinà.
워 찌아오 웨이나

저는 유나라고 해요.

他 叫 金海俊。
Tā jiào Jīn Hǎijùn.
타 찌아오 찐 하이쥔

그는 김해준이라고 해요.

她 叫 玛丽。
Tā jiào Mǎlì.
타 찌아오 마 리

그녀는 마리라고 해요.

✔ 단어 체크

我 wǒ 워 나 / 叫 jiào 찌아오 ~라고 부르다 / 他 tā 타 그 / 她 tā 타 그녀

你好！ 我叫 *维娜。
Nǐ hǎo! Wǒ jiào Wéinà.
안녕하세요! 저는 유나라고 해요.

你好！ 我叫 金海俊。
Nǐ hǎo! Wǒ jiào Jīn Hǎijùn.
안녕하세요! 저는 김해준이라고 해요.

☐ 小英 Xiǎoyīng [시아오 잉]
샤오잉, 소영

☐ 李小龙 Lǐ Xiǎolóng [리 시아오 롱]
리샤오롱, 이소룡

★ '叫 jiào [찌아오]' 뒤에 오는 이름에는 성을 붙여도 되고, 붙이지 않아도 돼요.

3분 문제로 확인해 보기

1 그녀는 마리라고 해요.　▶ _____

2 그는 이소룡이라고 해요.　▶ _____

3 저는 ○○○라고 해요. (자기 이름)　▶ _____

오늘의 **10분** 끝!

03 저는 한국인이에요.

是로 '~이다' 말하기

강의 영상 보기

 초간단 개념 잡기

'是 shì'는 '~이다'라는 뜻으로 뒤에 국적, 신분, 직업 등의 표현을 넣어서 나를 소개할 수 있습니다. '~이 아니다'라고 부정할 때는 '是 shì' 앞에 '不 bù'를 붙입니다.

我	是	韩国人
워	스	한 구어 런
저는	이에요	한국인

 입에서 바로 나오는 문장 말하기 🔊 03-1

我 是 韩国人。
Wǒ shì Hánguó rén.
워 스 한 구어 런

저는 한국인이에요.

我们 是 外国人。
Wǒmen shì wàiguó rén.
워 먼 스 와이 구어 런

우리는 외국인이에요.

她们 不是 学生。
Tāmen bú shì xuésheng.
타 먼 부 스 쉬에 셩

'不 bù'는 주로 동사, 형용사 앞에 쓰여 부정의 의미를 나타내요.

그녀들은 학생이 아니에요.

✔ **단어 체크**

是 shì 스 ~이다 / 韩国人 Hánguó rén 한 구어 런 한국인 / 我们 wǒmen 워먼 우리 / 外国人 wàiguó rén 와이구어 런 외국인 / 她们 tāmen 타 먼 그녀들 / 不 bù 뿌 아니다 / 学生 xuésheng 쉬에 셩 학생

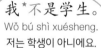

我是学生。*你呢?
Wǒ shì xuésheng. Nǐ ne?
저는 학생이에요. 당신은요?

我*不是学生。
Wǒ bú shì xuésheng.
저는 학생이 아니에요.

我是老师。
Wǒ shì lǎoshī.
저는 선생님이에요.

★ '你呢? nǐ ne? [니 너]'는
앞에 질문을 반복하여 물어볼 때
간단히 사용하는 표현이에요.

☐ 医生 yīshēng [이 셩] 의사

☐ 公司职员 gōngsī zhíyuán [꽁 쓰 즈 위엔] 회사원

★ '不 bù [뿌]' 뒤에 '是 shì [스]'처럼 성조가 4성인 발음이 오면 원래의 성조 'bù'
가 아니라 2성 'bú'로 발음해요. 예 不是 bù shì (×) → 不是 bú shì (○)

3분 문제로 확인해 보기

1 저는 한국인이에요.　　　▶ _____

2 우리는 외국인이에요.　　　▶ _____

3 그녀는 중국인이에요.　　　▶ _____
　　✅ 中国人 Zhōngguó rén **풍구어 런** 중국인

04 너무 신나요!

很 + 형용사로 기분, 상태 말하기

강의 영상 보기

 초간단 개념 잡기

'很 hěn + 형용사'는 '무척 ~하다'라는 뜻으로 기분이나 상태를 나타낼 때 쓰는 표현입니다. 만약 '很' 없이 형용사만 말하면 비교의 의미를 지니므로 일반적인 상황에서는 형용사 앞에 '很'을 붙입니다.

我	很	开心
워	헌	카이 씬
저는	너무	신나요

 입에서 바로 나오는 문장 말하기 04-1

我 很 开心!
Wǒ hěn kāixīn!
워 헌 카이 씬

저는 너무 신나요!

我 很 幸福!
Wǒ hěn xìngfú!
워 헌 씽 푸

저는 너무 행복해요!

我 很 烦!
Wǒ hěn fán!
워 헌 팡

저는 너무 짜증나요!

✓ **단어 체크**

很 hěn 헌 너무, 매우, 무척 / 开心 kāixīn 카이 씬 신나다, 즐겁다 / 幸福 xìngfú 씽 푸 행복하다 / 烦 fán 팡 짜증나다, 귀찮다

很开心!
Hěn kāixīn!
너무 신나요!

烦*死了!
Fán sǐ le!
짜증나 죽겠어요!

☐ 高兴 gāoxìng [까오 씽] 기쁘다, 즐겁다

☐ 轻松 qīngsōng [칭 쏭] 홀가분하다, 가뿐하다

☐ 感动 gǎndòng [깐 똥] 감격하다, 감동하다

☐ 累 lèi [레이] 피곤하다

☐ 紧张 jǐnzhāng [진 쨩] 긴장하다

☐ 伤心 shāngxīn [샹 씬] 속상하다

★ '형용사/동사 + 死了 sǐ le [쓰 러]'는 정도가 아주 심할 때 과장되게 말하는 표현이에요.
주로 부정의 의미를 가진 형용사나 동사 뒤에 와서 '~해 죽겠다'라고 말할 수 있어요.

3분 문제로 확인해 보기

1 너무 신나요! ▸ _____

2 너무 짜증나요! ▸ _____

3 피곤해 죽겠어요! ▸ _____

오늘의 10분 끝!

05 올해 서른 살이에요.

岁로 나이 말하기

강의 영상 보기

2분 초간단 개념 잡기

나이를 말할 때 '세', '살'을 뜻하는 '岁 suì'를 사용하여 문장을 만듭니다. 주로 앞에 '今年 jīnnián'을 붙여 '올해 ~살이다'라고 말합니다.

我	今年	三十	岁
워	찐 니엔	싼 스	쑤이
저는	올해	서른	살이에요

2분 입에서 바로 나오는 문장 말하기

 05-1

我 今年 三十 岁。
Wǒ jīnnián sān shí suì.
워 찐 니엔 싼 스 쑤이

저는 올해 서른 살이에요.

他 今年 十九 岁。
Tā jīnnián shí jiǔ suì.
타 찐 니엔 스 지우 쑤이

그는 올해 열아홉 살이에요.

她 今年 二十六 岁。
Tā jīnnián èr shí liù suì.
타 찐 니엔 얼 스 리우 쑤이

그녀는 올해 스물여섯 살이에요.

✓ 단어 체크

今年 jīnnián ^{찐 니엔} 금년, 올해 / 三十 sān shí ^{싼 스} 30, 서른 / 岁 suì ^{쑤이} 세, 살 [나이] / 十九 shí jiǔ ^{스 지우} 19, 열아홉 / 二十六 èr shí liù ^{얼 스 리우} 26, 스물여섯

회화로 응용하기

 05-2

你今年* 多大?
Nǐ jīnnián duō dà?
당신은 올해 몇 살이에요?

我今年* 十九岁。
Wǒ jīnnián shí jiǔ suì.
저는 올해 열아홉 살이에요.

★ '多大? duō dà? [뚜오 따]'는 나이를 묻는 표현이에요. '多 duō [뚜오]'는 '얼마나'의 뜻이고,
   형용사 '大 dà [따]'는 여기서 나이가 '많다'의 뜻을 나타내요.

★ 숫자 표현

1	2	3	4	5	6	7	8	9	10
一	二	三	四	五	六	七	八	九	十
yī [이]	èr [얼]	sān [싼]	sì [쓰]	wǔ [우]	liù [리우]	qī [치]	bā [빠]	jiǔ [지우]	shí [스]

11	12		19	20	21	
十一	十二	……	十九	二十	二十一	……
shí yī [스 이]	shí èr [스 얼]		shí jiǔ [스 지우]	èr shí [얼 스]	èr shí yī [얼 스 이]	

문제로 확인해 보기

1 저는 올해 열다섯 살이에요. ▶ _____

2 저는 올해 스무 살이에요. ▶ _____

3 그는 올해 마흔 살이에요. ▶ _____

오늘의 **10분** 끝!

06 서울에 살아요.

住在 + 장소로 사는 곳 말하기

강의 영상 보기

2분 초간단 개념 잡기

'住在 zhù zài'는 '~에 살다', '~에 거주하고 있다'라는 뜻으로 뒤에 장소를 붙여 살고 있는 곳을 소개합니다.

我	住在	首尔
워	쭈 짜이	쇼우 얼
저는	에 살아요	서울

2분 입에서 바로 나오는 문장 말하기

06-1

我 住在 首尔。
Wǒ zhù zài Shǒu'ěr.
워 쭈 짜이 쇼우 얼

> 뒤 음절이 a, o, e로 시작할 때 음절의 구분을 명확히 하기 위해 격음부호(')를 사용해요.

저는 서울에 살아요.

我 住在 北京。
Wǒ zhù zài Běijīng.
워 쭈 짜이 베이 징

저는 베이징에 살아요.

我 住在 仁川。
Wǒ zhù zài Rénchuān.
워 쭈 짜이 런 츄안

저는 인천에 살아요.

✔ 단어 체크

住在 zhù zài 쭈 짜이 ~에 살다 / 首尔 Shǒu'ěr 쇼우얼 서울 / 北京 Běijīng 베이징 베이징, 북경 /

仁川 Rénchuān 런 츄안 인천

你住在首尔*吗?
Nǐ zhù zài Shǒu'ěr ma?
당신은 서울에 살아요?

*不(是), 我住在仁川。
Bú (shì), wǒ zhù zài Rénchuān.
아니요. 저는 인천에 살아요.

★ 일반적으로 '네', '아니오'로 대답할 때,
긍정은 '是 shì [스]', 부정은 '不(是)
bú (shì) [부(스)]'라고 해요.

□ 釜山 Fǔshān [푸 샨] 부산
□ 济州岛 Jìzhōudǎo [찌 쪼우 다오] 제주도
□ 上海 Shànghǎi [샹 하이] 상하이, 상해
□ 青岛 Qīngdǎo [칭 다오] 칭다오, 청도

★ '吗? ma? [마]'는 문장 끝에 쓰여
평서문을 의문문으로 바꿔줘요.

1 저는 서울에 살아요.　　▶ _____

2 저는 베이징에 살아요.　　▶ _____

3 저는 제주도에 살아요.　　▶ _____

오늘의 10분 끝!

07 호텔에서 일해요.

在＋장소＋工作로 직장, 직업 말하기

강의 영상 보기

2분 초간단 개념 잡기

'在 zài'가 장소 앞에 쓰이면 '~에서'라는 뜻을 나타냅니다. 在 뒤에 장소를 나타내는 단어와 '일하다'라는 동사 '工作 gōngzuò'를 붙여서 '~에서 일하다'라는 표현을 사용하여 직장이나 직업을 소개할 수 있습니다.

我	在	酒店	工作
워	짜이	지우 띠엔	꽁 쭈어
저는	에서	호텔	일해요

2분 입에서 바로 나오는 문장 말하기

我 在 酒店 工作。
Wǒ zài jiǔdiàn gōngzuò.
워 짜이 지우 띠엔 꽁 쭈어

저는 호텔에서 일해요.

我 在 学校 工作。
Wǒ zài xuéxiào gōngzuò.
워 짜이 쉬에 씨아오 꽁 쭈어

저는 학교에서 일해요.

我 在 公司 工作。
Wǒ zài gōngsī gōngzuò.
워 짜이 꽁 쓰 꽁 쭈어

저는 회사에서 일해요.

✓ 단어 체크

在 zài 짜이 ~에서 / 酒店 jiǔdiàn 지우 띠엔 호텔 / 工作 gōngzuò 꽁 쭈어 일하다 / 学校 xuéxiào 쉬에 씨아오

학교 / 公司 gōngsī 꽁 쓰 회사

我在酒店工作。
Wǒ zài jiǔdiàn gōngzuò.
저는 호텔에서 일해요.

我在*阿里巴巴工作。
Wǒ zài Ālǐbābā gōngzuò.
저는 알리바바에서 일해요.

★ '在 zài [짜이]' 뒤에 장소명사
대신 구체적인 회사명을 넣어서
말할 수 있어요.

☐ 饭店 fàndiàn [판 띠엔] 식당, 음식점

☐ 医院 yīyuàn [이 위엔] 병원

☐ 三星 Sānxīng [싼 씽] 삼성 [기업명]

☐ 苹果公司 Píngguǒ Gōngsī [핑구어 꽁쓰]
애플 [기업명]

3분 문제로 확인해 보기

1 저는 호텔에서 일해요. ▶ _____

2 저는 학교에서 일해요. ▶ _____

3 저는 음식점에서 일해요. ▶ _____

오늘의 10분 끝!

08 중국 친구가 있어요.

有로 소유 말하기

강의 영상 보기

 초간단 개념 잡기

'有 yǒu'는 '가지고 있다'라는 뜻으로 소유를 나타내며, '~이 없다', '~을 가지고 있지 않다'라는 부정 표현은 '没有 méi yǒu'를 씁니다. 이때 '不 bù'로는 부정하지 않습니다.

我	有	中国 朋友
위	요우	쭝 구어 펑 요우
저는	있어요	중국 친구가

 입에서 바로 나오는 문장 말하기 08-1

我 有 中国 朋友。
Wǒ yǒu Zhōngguó péngyou.
위 요우 쭝 구어 펑 요우

저는 중국 친구가 있어요.

我 有 男朋友。
Wǒ yǒu nán péngyou.
위 요우 난 펑 요우

저는 남자 친구가 있어요.

我 没有 孩子。
Wǒ méi yǒu háizi.
위 메이 요우 하이즈

저는 자녀가 없어요.

✔ 단어 체크

有 yǒu 요우 있다, 가지다 / 中国 Zhōngguó 쭝구어 중국 / 朋友 péngyou 펑요우 친구 / 男朋友 nán péngyou 난 펑요우 남자 친구 / 没有 méi yǒu 메이 요우 없다, 가지고 있지 않다 / 孩子 háizi 하이즈 아이, 자녀

你*有没有**男朋友?**
Nǐ yǒu méi yǒu nán péngyou?
당신은 남자 친구가 있어요 없어요?

我没有**男朋友。**
Wǒ méi yǒu nán péngyou.
저는 남자 친구가 없어요.

☐ 女儿 nǚ'ér [뉘 얼] 딸
☐ 儿子 érzi [얼 즈] 아들

★ 문장 끝에 '吗? ma? [마]'를 써서 의문문을 만들 수 있고, 동사 '有 yǒu [요우]'의
  긍정형과 부정형 '没有 méi yǒu [메이 요우]'을 나열하여 의문문을 만들 수 있어요.
  단, 이때는 '吗? ma?'를 동시에 쓸 수 없어요.

3분 문제로 확인해 보기

1 저는 중국 친구가 있어요. ▶ _____

2 저는 자녀가 있어요. ▶ _____

3 저는 여자 친구가 없어요. ▶ _____

✔ 女朋友 nǚ péngyou **뉘 펑요우** 여자 친구

오늘의 10분 끝!

09 중국어를 배워요.

学로 배우는 것 말하기

 초간단 개념 잡기

'学 xué'는 '배우다', '학습하다'라는 뜻입니다. '~을 배우다'라고 할 때 '学+목적어'의 형식으로 표현합니다.

我	学	汉语
워	쉬에	한 위
저는	배워요	중국어를

 입에서 바로 나오는 문장 말하기 🎧 09-1

我 学 汉语。
Wǒ xué Hànyǔ.
워 쉬에 한 위

저는 중국어를 배워요.

我 学 瑜伽。
Wǒ xué yújiā.
워 쉬에 위 찌아

저는 요가를 배워요.

我 学 理财。
Wǒ xué lǐcái.
워 쉬에 리 차이

저는 재테크를 배워요.

✓ 단어 체크

学 xué 쉬에 배우다, 학습하다 / 汉语 Hànyǔ 한위 중국어 / 瑜伽 yújiā 위찌아 요가 / 理财 lǐcái 리차이 재테크

我*最近学汉语。
Wǒ zuìjìn xué Hànyǔ.
저는 요즘 중국어를 배워요.

*真棒!
Zhēn bàng!
정말 멋지네요!

★ '最近 zuìjìn [쭈이진]'과
같은 시간사는 주어의 앞이나
뒤에 올 수 있고, 동사의 앞에
오기도 해요.

☐ 英语 Yīngyǔ [잉 위] 영어
☐ 韩语 Hányǔ [한 위] 한국어
☐ 法语 Fǎyǔ [퐈 위] 프랑스어

★ '真 zhēn [쩐]'은 '정말', '진짜'라는 뜻이고,
'棒 bàng [빵]'은 '훌륭하다', '대단하다', '멋지다'
라는 뜻이에요. '真棒 zhēn bàng [쩐 빵]'은 칭찬
이나 긍정의 호응을 표현할 때 자주 사용해요.

3분 문제로 확인해 보기

1 저는 중국어를 배워요. ▶ _____

2 그녀는 요가를 배워요. ▶ _____

3 그는 요즘 영어를 배워요. ▶ _____

오늘의 10분 끝!

10 운전할 줄 알아요.

숲로 할 줄 아는 것 말하기

강의 영상 보기

 2분 초간단 개념 잡기

학습을 통해서 무언가를 '할 줄 알다'라고 표현할 때 조동사 '숲 huì'를 사용합니다.

我	숲	开车
위	후이	카이 쳐
저는	(배워서) 할 줄 알아요	운전을

 2분 입에서 바로 나오는 문장 말하기

我 会 开车。
Wǒ huì kāichē.
위 후이 카이 쳐

저는 운전을 할 줄 알아요.

我 会 说 越南语。
Wǒ huì shuō Yuènányǔ.
위 후이 슈어 위에 난 위

저는 베트남어를 할 줄 알아요.

我 会 打 高尔夫球。
Wǒ huì dǎ gāo'ěrfūqiú.
위 후이 다 까오 얼 푸 치우

저는 골프를 칠 줄 알아요.

✔ **단어 체크**

숲 huì 후이 (배워서) 할 줄 알다 / 开车 kāichē 카이 쳐 운전하다 / 说 shuō 슈어 말하다 / 越南语 Yuènányǔ
위에 난 위 베트남어 / 打 dǎ 다 (놀이·운동을) 하다 / 高尔夫球 gāo'ěrfūqiú 까오 얼 푸 치우 골프

你*会不会开车?
Nǐ huì bú huì kāichē?
당신은 운전할 줄 알아요?

我不会开车。
Wǒ bú huì kāichē.
저는 운전할 줄 몰라요.

☐ 游泳 yóuyǒng [요우 용] 수영하다

☐ 打麻将 dǎ májiàng [다 마 지앙] 마작을 하다

★ 의문문을 만들 때 평서문의 문장 끝에 '吗? ma? [마]'를 붙이거나 '是不是 shì bú shì [스 부 스]', '有没有 yǒu méi yǒu [요우 메이 요우]'와 같이 긍정과 부정을 같이 사용하여 묻는 방법, 잊지 않으셨죠? 여기서도 '会…吗? huì…ma? [후이 ~마]' 혹은 '会不会…? huì bú huì…? [후이 부 후이 ~]'로 질문할 수 있어요.

3분 문제로 확인해 보기

1 저는 운전을 할 줄 알아요. ▶ _____

2 저는 베트남어를 할 줄 몰라요. ▶ _____

3 저는 수영할 줄 알아요. ▶ _____

오늘의 **10분** 끝!

11 셀카 찍기를 좋아해요.

喜欢으로 취미, 취향 말하기

강의 영상 보기

2분 초간단 개념 잡기

'喜欢 xǐhuan'은 '좋아하다'라는 뜻으로 뒤에 '喜欢＋동사/동사구'를 사용하여 좋아하는 것, 즐겨 하는 취미 등을 말할 수 있습니다.

我	喜欢	自拍
위	시환	쯔 파이
저는	좋아해요	셀카 찍는 것을

2분 입에서 바로 나오는 문장 말하기

 11-1

我 喜欢 自拍。
Wǒ xǐhuan zìpāi.
위　시환　쯔 파이

저는 셀카 찍는 것을 좋아해요.

我 喜欢 钓鱼。
Wǒ xǐhuan diàoyú.
위　시환　띠아오 위

저는 낚시 하는 것을 좋아해요.

我 喜欢 玩儿手游。
Wǒ xǐhuan wánr shǒuyóu.
위　시환　왈　쇼우 요우

> 회화에서 일부 단어 뒤에 儿 ér을 붙여 끝 발음을 살짝 굴려 줘요. 부드럽고 친근한 느낌을 표현해요.

저는 폰 게임 하는 것을 좋아해요.

✔ 단어 체크

喜欢 xǐhuan 시환 좋아하다 / 自拍 zìpāi 쯔 파이 셀카 찍다 / 钓鱼 diàoyú 띠아오 위 낚시, 낚시를 하다 /

玩儿 wánr 왈 놀다, 게임하다 / 手游 shǒuyóu 쇼우 요우 휴대폰 게임

3분 회화로 응용하기 🔊 11-2

你喜欢自拍吗?
Nǐ xǐhuan zìpāi ma?
당신은 셀카 찍는 거 좋아해요?

我*不喜欢自拍。
Wǒ bù xǐhuan zìpāi.
저는 셀카 찍는 거 안 좋아해요.

★ '싫어하다', '좋아하지 않다'라고
할 때는 동사 앞에 '不 bù [뿌]'
를 써서 '不喜欢 bù xǐhuan
[뿌 시 환]'이라고 표현해요.

- ☐ 去旅行 qù lǚxíng [취 뤼 싱] 여행을 가다
- ☐ 学外语 xué wàiyǔ [쉬에 와이 위] 외국어를 공부하다
- ☐ 养宠物 yǎng chǒngwù [양 총 우] 애완동물을 기르다

3분 문제로 확인해 보기

1 저는 셀카 찍는 것을 좋아해요.   ▶ _____

2 저는 낚시하는 것을 싫어해요.   ▶ _____

3 저는 여행 가는 것을 좋아해요.   ▶ _____

12 세계 여행을 할 계획이에요.

打算으로 계획 말하기

강의 영상 보기

 초간단 개념 잡기

'~할 예정이다', '~할 계획이다'라는 '打算 dǎsuàn'을 활용하여 앞으로의 계획이나 예정된 일정을 말합니다.

我	打算	环游 世界
워	다 쑤안	환 요우 스 찌에
저는	계획이에요	세계 여행을 할

 입에서 바로 나오는 문장 말하기 🎧 12-1

我 打算 环游 世界。
Wǒ dǎsuàn huányóu shìjiè.
워 다 쑤안 환 요우 스 찌에

저는 세계 여행을 할 계획이에요.

我 打算 去 中国 旅行。
Wǒ dǎsuàn qù Zhōngguó lǚxíng.
워 다 쑤안 취 쭝 구어 뤼 싱

저는 중국을 여행할 계획이에요.

我 打算 去 欧洲 度假。
Wǒ dǎsuàn qù Ōuzhōu dùjià.
워 다 쑤안 취 오우 쪼우 두 찌아

저는 유럽에 가서 휴가를 보낼
계획이에요.

✓ 단어 체크

打算 dǎsuàn 다 쑤안 ~할 계획이다 / 环游 huányóu 환 요우 두루 돌아다니다 / 世界 shìjiè 스 찌에 세계 /
去 qù 취 가다 / 旅行 lǚxíng 뤼 싱 여행하다 / 欧洲 Ōuzhōu 오우 쪼우 유럽 / 度假 dùjià 두 찌아 휴가를 보내다

짧은 문장에서 긴 문장으로 확장하는 연습을 통해 문장의 구조를 익혀 보세요.

我去欧洲。
Wǒ qù Ōuzhōu.
저는 유럽에 가요.

我打算去欧洲。
Wǒ dǎsuàn qù Ōuzhōu.
저는 유럽에 갈 계획이에요.

我打算去欧洲度假。
Wǒ dǎsuàn qù Ōuzhōu dùjià.
저는 유럽에 가서 휴가를 보낼 계획이에요.

 문제로 확인해 보기

1 저는 세계 여행을 할 계획이에요. ▶ _____

2 저는 중국을 여행할 계획이에요. ▶ _____

3 저는 유럽에 가서 휴가를 보낼 ▶ _____
예정이에요.

오늘의 10분 끝!

1. 파트1의 주요 패턴을 활용한 자기소개를 들어볼까요? 🔊12-R1

大家好! Dàjiā hǎo!	여러분, 안녕하세요!
我叫李美来。 Wǒ jiào Lǐ Měilái.	저는 이미래라고 해요.
我是韩国人。 Wǒ shì Hánguó rén.	저는 한국 사람이에요.
我住在首尔。 Wǒ zhù zài Shǒu'ěr.	저는 서울에 살고 있어요.
我今年二十九岁。 Wǒ jīnnián èr shí jiǔ suì.	저는 올해 29살이에요.
我是公司职员。 Wǒ shì gōngsī zhíyuán.	저는 회사원이에요.
我在销售部工作。 Wǒ zài xiāoshòubù gōngzuò.	저는 마케팅 부서에서 일하고 있어요.
我家有两口人，爱人和我。 Wǒ jiā yǒu liǎng kǒu rén, àiren hé wǒ.	저희 가족은 두 식구가 있어요. 남편과 저예요.
还有一条小狗，它很可爱。 Hái yǒu yì tiáo xiǎogǒu, tā hěn kě'ài.	또 강아지 한 마리가 있는데, 무척 귀여워요.
我会说英语和汉语。 Wǒ huì shuō Yīngyǔ hé Hànyǔ.	저는 영어와 중국어를 할 줄 알아요.
我喜欢学外语。 Wǒ xǐhuan xué wàiyǔ.	저는 외국어 공부하는 것을 좋아해요.
我打算明年去上海旅行。 Wǒ dǎsuàn míngnián qù Shànghǎi lǚxíng.	저는 내년에 상하이로 여행을 갈 계획이에요.

✓ 단어 체크

销售部 xiāoshòubù 씨아오 쇼우 뿌 마케팅 부서 / 家 jiā 찌아 가족 / 两 liǎng 량 2, 둘 / 口 kǒu 코우 식구 [식구를 세는 단위] / 人 rén 런 사람 / 和 hé 흐어 ~와(과) / 还 hái 하이 또, 더 / 条 tiáo 티아오 마리 [동물을 세는 단위] / 小狗 xiǎogǒu 시아오 고우 개, 강아지 / 它 tā 타 그, 그것 [사람 이외의 것] / 可爱 kě'ài 커 아이 귀엽다 / 明年 míngnián 밍 니엔 내년

2/ 앞에서 학습한 표현을 활용하여 아래 인물을 소개해 보세요.

이름	马云 Mǎ Yún 마윈
국적	中国 Zhōngguó 중국
출생	1964. 9. 10
거주지	杭州 Hángzhōu 항저우
직업	企业家 qǐyèjiā 사업가/기업가
이력	阿里巴巴 Ālǐbābā 创始人 chuàngshǐrén 알리바바 설립자
구사언어	汉语 Hànyǔ 중국어(모국어), 英语 Yīngyǔ 영어
취미	太极拳 tàijíquán 태극권

》 이렇게 소개할 수 있어요.   🎧12-R2

他叫马云。 그는 마윈이라고 해요.
Tā jiào Mǎ Yún.

他是中国人。 그는 중국인이에요.
Tā shì Zhōngguó rén.

他住在杭州。 항저우에 살고 있어요.
Tā zhù zài Hángzhōu.

他是企业家，是阿里巴巴公司的创始人。 그는 기업가이고, 알리바바 회사의 설립자예요.
Tā shì qǐyèjiā, shì Ālǐbābā gōngsī de chuàngshǐrén.

他会说英语。他喜欢打太极拳。 그는 영어를 할 줄 알고, 태극권을 즐겨 해요.
Tā huì shuō Yīngyǔ. Tā xǐhuan dǎ tàijíquán.

3/ 좋아하는 연예인이나 유명인의 인물 카드를 만들어서 중국어로 소개해 보세요.
그리고 학습한 표현을 활용하여 자기소개도 연습해 보세요.

_____

_____

_____

_____

건국을 이끈 지도자 — 마오쩌둥

중국 베이징시의 중심에 위치한 천안문 天安门 Tiān'ānmén 광장은 세계에서 가장 큰 광장입니다. 광장을 마주보고 있는 고궁(자금성) 故宫 Gùgōng 의 남문—천안문과 빨간 외벽의 위용은 보는 이를 압도하기에 충분하죠. 중국 역사에서 매우 중요한 바로 이곳에, 천안문 중앙에 걸린 마오쩌둥 毛泽东 Máo Zédōng의 대형 초상화는 그 역시 역사적으로 매우 중요한 인물임을 알게 합니다.

중국인에게 마오쩌둥은 청나라 말기 외세 침략과 내전으로 혼란했던 시기를 이겨내고, 외세와 군벌의 횡포로부터 민중을 구원하고 굴욕감을 씻어준 훌륭한 지도자입니다. 민중의 전폭적인 지지를 받으며 마오쩌둥은 1949년 10월 1일 천안문에 올라 지금의 중화인민공화국을 선포하였습니다.

하지만 이후 마오쩌둥이 무리하게 추진한 경제 성장 운동—대약진 운동과 중국의 성장을 크게 후퇴시킨 사회주의 운동—문화대혁명은 그의 업적에서 부정적으로 평가되는 오점이기도 합니다.

마오쩌둥은 빛과 그늘을 동시에 가진 인물이지만 많은 중국인들 사이에서 존경 받는 인물로 꼽힙니다. 지금의 중국 젊은 세대에게는 존재감이 그리 크지 않지만 그가 지닌 애국심과 민중을 사랑하는 마음은 여전히 높이 평가되고 있습니다. 중국의 지폐에 온통 마오쩌둥의 얼굴이 있는 것만 봐도 잘 알 수 있겠죠?

중국 IT업계의 신화 — 마윈과 마화텅

중국 최대 전자상거래 업체인 알리바바 阿里巴巴 Ālǐbābā의 창업자 마윈 马云 Mǎ Yún은 항저우의 작은 아파트에서 창업해 불과 20년도 되지 않아 중국 최대의 전자상거래 업체 CEO가 되었습니다. 소위 흑수저라고 일컫는 성장배경을 가진 그가 세계 최대의 전자상거래 플랫폼의 기업가로 성장한 이야기는 전 세계 청년 사업가들의 모델이 되었죠.

마윈의 알리바바는 현재 중국 전자상거래 부문 1위 기업으로서, 온라인 쇼핑몰 타오바오 淘宝 Táobǎo, 결제 서비스 즈푸바오 支付宝 Zhīfùbǎo 등 다양한 플랫폼을 통해 소비자의 빅데이터를 수집하고 있으며, O2O사업을 이어나가고 있습니다.

2019년 9월 10일, 그는 일찍이 예고했던 대로 알리바바그룹 창립 20주년 기념일이자 그의 55번째 생일에 공식 은퇴를 선언하고 자리에서 물러났습니다.

텐센트 腾讯 Téngxùn의 창업자 마화텅 马化腾 Mǎ Huàténg은 마윈과는 대조적인 삶을 살아온 금수저입니다. 공직자 출신의 아버지 밑에서 유복하게 자란 그는 대학교 졸업 후 친구와 함께 창업의 길을 걷게 됩니다. 자신이 쓰고 있던 메신저를 모방하여 메신저 QQ를 만들고, QQ의 성공은 중국의 대표 모바일 메신저 위챗(WeChat) 微信 Wēixìn의 성공 밑거름이 되었습니다.

오늘날 기업가치 5천 억 달러를 자랑하는 텐센트는 약 9억 명의 사용자를 보유한 모바일 메신저 위챗과 위챗페이, 온라인게임, 엔터테인먼트, O2O 등 다양한 서비스를 제공하고 있으며, 알리바바와 함께 중국 최고의 인터넷 기업으로 성장하였습니다.

PART
02

보디랭기지
대신 말로!

8가지 필수 동사 표현

13 빵을 먹어요.

吃와 喝로 '먹다'와 '마시다' 말하기

강의 영상 보기

 초간단 개념 잡기

음식을 먹거나 음료를 마신다는 표현은 일상에서 늘 사용하는 필수 표현입니다. 중국어에서는 '먹다'의 '吃 chī'와 '마시다'의 '喝 hē'를 구분하여 사용합니다.

我	吃	面包
워	츠	미엔 빠오
저는	먹어요	빵을

 입에서 바로 나오는 문장 말하기 🎧 13-1

我 吃 面包。
Wǒ chī miànbāo.
워 츠 미엔 빠오

저는 빵을 먹어요.

他 吃 米饭。
Tā chī mǐfàn.
타 츠 미 판

그는 밥(쌀밥)을 먹어요.

她 喝 咖啡。
Tā hē kāfēi.
타 흐어 카 페이

그녀는 커피를 마셔요.

✓ **단어 체크**

吃 chī 츠 먹다 / 面包 miànbāo 미엔 빠오 빵 / 米饭 mǐfàn 미 판 밥, 쌀밥 / 喝 hē 흐어 마시다 / 咖啡 kāfēi 카 페이 커피

我吃面包。
Wǒ chī miànbāo.
저는 빵을 먹어요.

我喝咖啡。
Wǒ hē kāfēi.
저는 커피를 마셔요.

- 面条 miàntiáo [미엔 티아오] 면, 국수
- 饼干 bǐnggān [빙 깐] 비스켓, 과자
- 水果 shuǐguǒ [슈에이 구어] 과일

- 水 shuǐ [슈에이] 물
- *粥 zhōu [쪼우] 죽
- 啤酒 píjiǔ [피 지우] 맥주

★ 우리말에서는 죽을 '먹다(吃)'라고 표현하지만,
중국어에서는 죽을 '마시다(喝)'라고 표현해요.

 문제로 확인해 보기

1 그녀는 커피를 마셔요. ▶ _____

2 우리는 과일을 먹어요. ▶ _____

3 그들은 맥주를 마셔요. ▶ _____

오늘의 **10분** 끝!

14

동영상을 봐요.

看과 听으로 '보다'와 '듣다' 말하기

강의 영상 보기

 초간단 개념 잡기

'보다'의 '看 kàn'과 '듣다'의 '听 tīng'을 활용하여 일상에서 자주 쓰는 표현을 중국어로
연습해 보세요.

我	看	视频
워	칸	스핀
저는	봐요	동영상을

 입에서 바로 나오는 문장 말하기

我 看 视频。
Wǒ kàn shìpín.
워 칸 스핀

저는 동영상을 봐요.

他 看 电影。
Tā kàn diànyǐng.
타 칸 띠엔잉

그는 영화를 봐요.

她 听 音乐。
Tā tīng yīnyuè.
타 팅 인위에

그녀는 음악을 들어요.

✓ **단어 체크**

看 kàn 칸 보다 / 视频 shìpín 스핀 동영상 / 电影 diànyǐng 띠엔잉 영화 / 听 tīng 팅 듣다 / 音乐 yīnyuè
인위에 음악

我看视频。
Wǒ kàn shìpín.
저는 동영상을 봐요.

我听音乐。
Wǒ tīng yīnyuè.
저는 음악을 들어요.

☐ 电视 diànshì [띠엔 스] 텔레비전

☐ 新闻 xīnwén [씬 원] 뉴스

☐ 书 shū [슈] 책

☐ 广播 guǎngbō [광 뽀어] 라디오

☐ 播客 bōkè [뽀어 크어] 팟캐스트

☐ 录音 lùyīn [루 인] 녹음

 문제로 확인해 보기

1 저는 영화를 봐요. ▶ _____

2 그녀는 음악을 들어요. ▶ _____

3 그는 책을 봐요. ▶ _____

오늘의 **10분** 끝!

15

마트에 가요.

去 + 장소(목적지)로 '~(으)로 가다' 말하기

강의 영상 보기

초간단 개념 잡기

'가다'의 '去 qù'를 써서 이동을 표현합니다. 말하는 사람을 기준으로 'A+去+장소'라고 하면 'A가 (장소)에 가다'라는 뜻입니다.

我	去	超市
워	취	챠오스
저는	가요	마트에

입에서 바로 나오는 문장 말하기

 15-1

我 去 超市。
Wǒ qù chāoshì.
워 취 챠오스

저는 마트에 가요.

他 去 游泳馆。
Tā qù yóuyǒngguǎn.
타 취 요우용관

그는 수영장에 가요.

他们 去 游乐园。
Tāmen qù yóulèyuán.
타먼 취 요우러위엔

그들은 놀이공원에 가요.

✓ **단어 체크**

去 qù 취 가다 / 超市 chāoshì 챠오스 마트, 슈퍼 / 游泳馆 yóuyǒngguǎn 요우용관 수영장 / 他们 tāmen 타먼 그들 / 游乐园 yóulèyuán 요우러위엔 놀이공원

我去超市。
Wǒ qù chāoshì.
저는 마트에 가요.

我 *也去超市。
Wǒ yě qù chāoshì.
저도 마트에 가요.

★ 부사 '也 yě [예]'는
'~도', '또한'이라는
뜻으로 주어 뒤에 와요.

☐ 朋友家 péngyou jiā [펑 요우 찌아] 친구 집
☐ 健身房 jiànshēnfáng [찌엔 션 팡] 헬스장

3분 문제로 확인해 보기

1 우리는 마트에 가요. ▶ _____

2 그들은 수영장에 가요. ▶ _____

3 저는 헬스장에 가요. ▶ _____

오늘의 10분 끝!

16 지하철을 타요.

坐와 骑로 '타다' 말하기

강의 영상 보기

2분 초간단 개념 잡기

'坐 zuò', '骑 qí' 모두 '타다'라는 뜻으로 교통수단을 이용할 때 쓸 수 있는 동사입니다. '坐'는 주로 좌석에 앉을 수 있는 자동차, 전철, 기차, 비행기 등에 쓰이고, '骑'는 다리를 벌려 타는 자전거, 오토바이 등에 사용합니다.

我	坐	地铁
워	쭈오	띠 티에
저는	타요	지하철을

2분 입에서 바로 나오는 문장 말하기 🔊 16-1

我 坐 地铁。
Wǒ zuò dìtiě.
워 쭈오 띠 티에

저는 지하철을 타요.

我 坐 公交车。
Wǒ zuò gōngjiāochē.
워 쭈오 꿍 찌아오 쳐

저는 버스를 타요.

我 骑 自行车。
Wǒ qí zìxíngchē.
워 치 쯔 싱 쳐

저는 자전거를 타요.

✓ 단어 체크

坐 zuò 쭈오 타다 / 地铁 dìtiě 띠티에 지하철 / 公交车 gōngjiāochē 꿍찌아오쳐 버스 / 骑 qí 치 타다 /
自行车 zìxíngchē 쯔싱쳐 자전거

我坐<mark>地铁</mark>。
Wǒ zuò dìtiě.
저는 지하철을 타요.

我骑<mark>自行车</mark>。
Wǒ qí zìxíngchē.
저는 자전거를 타요.

- ☐ 出租车 chūzūchē [츄 쭈 쳐] 택시
- ☐ 高铁 gāotiě [까오 티에] 고속철도

- ☐ 摩托车 mótuōchē [모어 투어 쳐] 오토바이
- ☐ 马 mǎ [마] 말

 3분 문제로 확인해 보기

1 저는 버스를 타요. ▸ _____

2 저는 자전거를 타요. ▸ _____

3 그들은 비행기를 타요. ▸ _____

☑ 飞机 fēijī **페이지** 비행기

 오늘의 **10분** 끝!

17 쇼핑을 해요.

买로 '사다' 말하기

강의 영상 보기

 초간단 개념 잡기

'(물건을) 사다', '구입하다'는 '买 mǎi'라는 표현을 씁니다. 반대로 '(물건을) 팔다', '판매하다'는 '卖 mài'라고 합니다. '买'와 '卖'는 한자의 모양과 소리가 비슷하므로 발음할 때 성조를 반드시 주의하세요!

我	买	东西
워	마이	똥시
저는	사요	물건을

 입에서 바로 나오는 문장 말하기 🔊 17-1

我 买 东西。
Wǒ mǎi dōngxi.
워 마이 똥시

> 东西의 西는 꼭 경성(짧고 가벼운 소리)으로 발음하세요. 1성으로 발음하면 전혀 다른 뜻인 '동쪽과 서쪽'을 의미하게 돼요.

저는 쇼핑을 해요.

我 买 衣服。
Wǒ mǎi yīfu.
워 마이 이푸

저는 옷을 사요.

我 买 票。
Wǒ mǎi piào.
워 마이 피아오

저는 표를 사요.

✓ 단어 체크

买 mǎi 마이 사다 / 东西 dōngxi 똥시 물건 / 衣服 yīfu 이푸 옷 / 票 piào 피아오 표, 티켓

회화로 응용하기

 17-2

你买票*了吗?
Nǐ mǎi piào le ma?
당신은 표를 샀나요?

我买票了。
Wǒ mǎi piào le.
저는 표를 샀어요.

★ 어떠한 동작을 완료한 상황,
즉 '~을/를 했다'라고 표현하려면
'동사 + (목적어) + 了 le [러]'를
써서 표현해요.

☐ 礼物 lǐwù [리 우] 선물
☐ 零食 língshí [링 스] 간식
☐ 化妆品 huàzhuāngpǐn [화 쭈왕 핀] 화장품
☐ 电影票 diànyǐng piào [띠엔 잉 피아오] 영화표

 문제로 확인해 보기

1 저는 쇼핑을 해요. ▶ _____

2 저는 선물을 샀어요. ▶ _____

3 저는 영화 표를 샀어요. ▶ _____

오늘의 10분 끝!

18

이것을 원해요.

要로 원하는 것 말하기

강의 영상 보기

초간단 개념 잡기

쓰임새가 다양한 '要 yào'는 때로는 동사, 때로는 조동사의 역할을 합니다. 여기에서는 '要+명사'의 형태로 쓰여 '원하다', '필요하다'의 뜻을 가진 동사 표현을 살펴봅니다.

我	要	这个
워	야오	쪄거
저는	원해요	이것을

입에서 바로 나오는 문장 말하기

 18-1

我 要 这个。
Wǒ yào zhège.
워 야오 쪄거

저는 이것을 원해요.

我 要 那个。
Wǒ yào nàge.
워 야오 나거

저는 저것을 원해요.

我 要 新 的。
Wǒ yào xīn de.
워 야오 씬 더

저는 새 것을 원해요.

✓ **단어 체크**

要 yào 야오 원하다, 필요하다 / 这个 zhège 쪄거 이것 / 那个 nàge 나거 그것, 저것 / 新的 xīn de 씬 더

새 것, 새로운 것

你*要这个吗?
Nǐ yào zhège ma?
당신은 이것을 원해요?

不，我要那个。
Bù, wǒ yào nàge.
아니요. 저는 저것을 원해요.

★ '원하지 않다', '필요 없다'라고 말할 때는
'不要 bú yào [부 야오]'라고 말해요.
단독으로 사용하면 상황에 따라 '싫어요',
'됐어요'라는 강한 어감을 나타내기도 해요.

☐ 别的 bié de [비에 더] 다른 것

☐ 左边的 zuǒbian de [주오 비엔 더] 왼쪽 것

☐ 右边的 yòubian de [요우 비엔 더] 오른쪽 것

문제로 확인해 보기

1 저는 저것을 원해요.　　▶ _____

2 그는 새 것을 원해요.　　▶ _____

3 우리는 다른 것을 원해요.　　▶ _____

오늘의 **10분** 끝!

19

요리를 해요.

做로 '하다' 말하기

강의 영상 보기

초간단 개념 잡기

'做 zuò'는 우리말로 '~하다'로 해석하며, 여러 가지 의미로 쓰입니다. 무언가를 만들거나 제조할 때, 글을 쓰거나 작품을 창작할 때, 어떤 활동을 하거나 어떤 일에 종사할 때 동사 '做'를 사용하여 말할 수 있습니다.

我	做	菜
워	쭈오	차이
저는	해요	요리를

입에서 바로 나오는 문장 말하기

🔊 19-1

我 做 菜。
Wǒ zuò cài.
워 쭈오 차이

무언가를 만들거나 제조할 때
저는 요리를 해요.

我 做 作业。
Wǒ zuò zuòyè.
워 쭈오 쭈오 예

글을 쓰거나 창작할 때
저는 과제를 해요.

我 做 生意。
Wǒ zuò shēngyi.
워 쭈오 셩 이

활동을 하거나 일에 종사할 때
저는 사업을 해요.

✔ 단어 체크

做 zuò 쭈오 하다 / 菜 cài 차이 요리, 음식 / 作业 zuòyè 쭈오 예 과제, 숙제 / 生意 shēngyi 셩 이 사업, 장사

你会做菜吗?
Nǐ huì zuò cài ma?
당신은 요리를 할 줄 아나요?

*当然, 我很会做菜。
Dāngrán, wǒ hěn huì zuò cài.
물론이죠. 저 요리 정말 잘해요.

★ '当然 dāngrán [땅 란]'은
'당연하다', '물론이다'라는
강한 긍정의 대답을 나타내는
표현이에요.

☐ 饭 fàn [판] 밥, 식사

☐ 蛋糕 dàngāo [딴 까오] 케이크

☐ 中国菜 zhōngguó cài [쭝 구어 차이] 중국 요리

문제로 확인해 보기

1 저는 요리를 해요. ▶ _____

2 저는 사업을 해요. ▶ _____

3 그는 중국 요리를 할 줄 알아요. ▶ _____

오늘의 10분 끝!

20 좀 기다려 주세요.

请＋동사＋一下로 정중하게 요청하기

강의 영상 보기

2분 초간단 개념 잡기

상대방에게 어떤 동작이나 행위를 권하거나 부탁할 때 '请 qǐng ＋동사＋一下 yíxià'의 형식으로 '좀 ~해 주세요'를 표현합니다. '请'은 요청과 부탁의 의미를 지니며 완곡한 어조를 나타냅니다.

请	等	一下
칭	덩	이 씨아
(해) 주세요	기다려	좀

2분 입에서 바로 나오는 문장 말하기

🎧 20-1

请 等 一下。
Qǐng děng yíxià.
칭 덩 이 씨아

좀 기다려 주세요.

请 让 一下。
Qǐng ràng yíxià.
칭 랑 이 씨아

좀 비켜 주세요.

请 试 一下。
Qǐng shì yíxià.
칭 스 이 씨아

한번 해 보세요.

✓ 단어 체크

请 qǐng 칭 ~해 주세요 [상대방에게 부탁하거나 권할 때 쓰는 높임말] / 等 děng 덩 기다리다 / 一下 yíxià 이 씨아

좀 ~하다, 한번 ~하다 / 让 ràng 랑 비키다, 피하다 / 试 shì 스 해 보다, 시도하다

3분 회화로 응용하기

 20-2

请您等一下。
Qǐng nín děng yíxià.
좀 기다려 주세요.

*好的。
Hǎo de.
알겠어요.

- ☐ 确认 quèrèn [취에 런] 확인하다
- ☐ 准备 zhǔnbèi [준 뻬이] 준비하다
- ☐ 品尝 pǐncháng [핀 창] 맛보다, 시식하다

★ '好的 hǎo de [하오 더]'는 '네', 'OK', '좋다', '알겠다'라는 긍정의 대답을 나타내는 표현이에요.

3분 문제로 확인해 보기

1 좀 기다려 주세요.　　▶ _____

2 좀 비켜 주세요.　　▶ _____

3 좀 확인해 주세요.　　▶ _____

1/ 앞에서 배운 동사 표현은 일상 생활에서 매우 자주 쓰는 기본 동사입니다. 보기에서 빈칸에 들어갈 알맞은 동사를 골라 넣으세요. 🔊20-R1

보기	吃	喝	看	去	等
	坐	骑	买	来	做

❶ 我 ＿＿＿＿＿ 机场。
Wǒ ＿＿＿＿＿ jīchǎng.

저는 공항에 가요.

❷ 我 ＿＿＿＿＿ 水果。
Wǒ ＿＿＿＿＿ shuǐguǒ.

저는 과일을 먹어요.

❸ 他 ＿＿＿＿＿ 咖啡。
Tā ＿＿＿＿＿ kāfēi.

그는 커피를 마셔요.

❹ 她 ＿＿＿＿＿ 自行车。
Tā ＿＿＿＿＿ zìxíngchē.

그녀는 자전거를 타요.

★ '~에서 ~하다'라고 장소까지 말하고 싶을 때는 주어와 동사 사이에 장소를 넣으세요.
이때 장소명사 앞에 '~에'라는 전치사 '在 zài [짜이]'를 붙여야 해요.

❺ 我*在家 ＿＿＿＿＿ 电视。
Wǒ zài jiā ＿＿＿＿＿ diànshì.

저는 집에서 텔레비전을 봐요.

❻ 她在咖啡厅 ＿＿＿＿＿ 朋友。
Tā zài kāfēitīng ＿＿＿＿＿ péngyou.

그녀는 커피숍에서 친구를 기다려요.

❼ 我们在超市 ＿＿＿＿＿ 东西。
Wǒmen zài chāoshì ＿＿＿＿＿ dōngxi.

우리는 마트에서 물건을 사요.

❽ 他在厨房 ＿＿＿＿＿ 菜。
Tā zài chúfáng ＿＿＿＿＿ cài.

그는 주방에서 요리를 해요.

2. 주어 뒤에 '동사+목적어'를 반복하여 말을 계속 이어나갈 수 있어요. 예를 들어 '어디로 가서 무엇을 하다'라고 하거나 '무엇을 타고 어디로 가다'라고 할 때 일이 발생하는 순서에 따라 나열하면서 문장을 길게 말할 수 있어요. 🔊20-R2

> ✓ **我 去 超市 买 水果。**   저는 마트에 가서 과일을 사요.
> Wǒ qù chāoshì mǎi shuǐguǒ.
>
> ✓ **我 坐 出租车 去 机场。**   저는 택시를 타고 공항에 가요.
> Wǒ zuò chūzūchē qù jīchǎng.

» 그림을 보면서 주어진 표현을 연결하여 긴 문장을 만들어 보세요.

❶

骑 自行车   **去 超市**   **买 水果**
qí zìxíngchē   qù chāoshì   mǎi shuǐguǒ

저는 자전거를 타고 마트에 가서 과일을 사요.

▶ _____

❷

坐 出租车   **去 机场**   **送 朋友**
zuò chūzūchē   qù jīchǎng   sòng péngyou

저는 택시를 타고 공항에 가서 친구를 배웅해요.

▶ _____

중국 대륙 각지의 명물

신장 新疆 Xīnjiāng은 위구르족의 자치구로 이슬람교를 믿으며, 둥글납작하게 구운 밀가루 빵 낭 饢 náng 과 양고기, 닭고기 요리를 즐겨 먹어요. 투루판 지역의 포도 葡萄 pútao도 유명해요.

시안 西安 Xī'ān에 가면 진시황의 무덤을 지키는 백만 대군 병마용 兵马俑 Bīngmǎyǒng을 볼 수 있어요.

新疆
신장

甘肃
깐수

宁夏
닝샤

青海
칭하이

四川
쓰촨

西藏
시짱

贵州
구이저우

云南
윈난

티베트를 상징하는 포탈라궁 布达拉宫 Bùdálāgōng은 17세기에 지어진 달라이라마의 궁전으로 세계문화유산에 등재되어 있어요.

쓰촨 四川 Sìchuān은 판다 熊猫 xióngmāo의 주요 서식지이며, 마파두부 麻婆豆腐 mápó dòufu, 마라탕 麻辣烫 málàtàng 등 매콤하고 얼얼한 음식이 유명해요.

윈난 云南 Yúnnán은 보이차 普洱茶 Pǔ'ěrchá 의 생산지로 유명하며, 쿤밍 昆明 Kūnmíng의 석림 石林 Shílín 과 리장 丽江 Lìjiāng 의 고성 古城 Gǔchéng은 관광 명소예요.

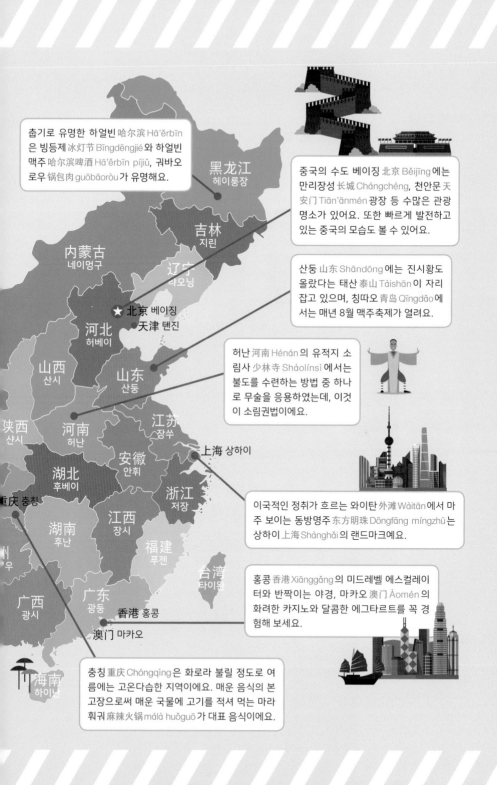

춥기로 유명한 하얼빈 哈尔滨 Hā'ěrbīn 은 빙등제 冰灯节 Bīngdēngjié 와 하얼빈 맥주 哈尔滨啤酒 Hā'ěrbīn píjiǔ, 궈바오 로우 锅包肉 guōbāoròu 가 유명해요.

黑龙江
헤이룽장

吉林
지린

内蒙古
네이멍구

辽宁
랴오닝

중국의 수도 베이징 北京 Běijīng 에는 만리장성 长城 Chángchéng, 천안문 天安门 Tiān'ānmén 광장 등 수많은 관광 명소가 있어요. 또한 빠르게 발전하고 있는 중국의 모습도 볼 수 있어요.

산둥 山东 Shāndōng 에는 진시황도 올랐다는 태산 泰山 Tàishān 이 자리 잡고 있으며, 칭따오 青岛 Qīngdǎo 에서는 매년 8월 맥주축제가 열려요.

★ 北京 베이징
天津 톈진

河北
허베이

山西
산시

山东
산둥

陕西
산시

河南
허난

江苏
장쑤

上海 상하이

허난 河南 Hénán 의 유적지 소림사 少林寺 Shàolínsì 에서는 불도를 수련하는 방법 중 하나로 무술을 응용하였는데, 이것이 소림권법이에요.

安徽
안휘

湖北
후베이

浙江
저장

重庆 충칭

湖南
후난

江西
장시

福建
푸젠

이국적인 정취가 흐르는 와이탄 外滩 Wàitān 에서 마주 보이는 동방명주 东方明珠 Dōngfāng míngzhū 는 상하이 上海 Shànghǎi 의 랜드마크예요.

台湾
타이완

广西
광시

广东
광둥

香港 홍콩

澳门 마카오

홍콩 香港 Xiānggǎng 의 미드레벨 에스컬레이터와 반짝이는 야경, 마카오 澳门 Àomén 의 화려한 카지노와 달콤한 에그타르트를 꼭 경험해 보세요.

海南
하이난

충칭 重庆 Chóngqìng 은 화로라 불릴 정도로 여름에는 고온다습한 지역이에요. 매운 음식의 본고장으로써 매운 국물에 고기를 적셔 먹는 마라훠궈 麻辣火锅 málà huǒguō 가 대표 음식이에요.

PART

03

질문 캐치하기!
10가지 의문사 표현

21

이건 뭐예요?

什么로 무엇인지 묻기

강의 영상 보기

 초간단 개념 잡기

이번 파트에서는 다양한 의문사를 배웁니다. 의문사가 있는 의문문에는 일반적으로 문장 끝에 '吗? ma?'를 쓰지 않습니다. 가장 먼저 살펴볼 의문사는 '무엇', '무슨'이라는 뜻의 '什么 shénme'입니다.

这	是	什么?
쩌	스	션머
이것은	입니까?	무엇

 입에서 바로 나오는 문장 말하기   21-1

这 是 什么?
Zhè shì shénme?
쩌 스 션머

이건 뭐예요?

你 喜欢 什么?
Nǐ xǐhuan shénme?
니 시환 션머

당신은 무엇을 좋아하나요?

她 叫 什么 (名字)?
Tā jiào shénme (míngzi)?
타 찌아오 션머 (밍즈)

그녀의 이름은 무엇인가요?

✔ 단어 체크

这 zhè 쩌 이, 이것 / 什么 shénme 션머 무엇, 무슨 / 名字 míngzi 밍즈 이름

21-2

아랫사람이나 동년배에게 이름을 물어볼 때

你叫什么(名字)?
Nǐ jiào shénme (míngzi)?
당신의 이름은 뭐예요?

我叫小美。
Wǒ jiào Xiǎoměi.
저는 소미라고 해요.

윗사람에게 성함을 물어볼 때

您贵*姓?
Nín guì xìng?
당신 성함이 어떻게
되세요?

我姓王，叫王健。
Wǒ xìng Wáng, jiào Wáng Jiàn.
저는 성이 왕이고, 왕찌엔이라고 해요.

★ '姓 xìng [씽]'은 '성이 ~이다'라는 뜻이에요. 처음 만난 사람에게는 정중하게 성을 묻는 경우가 많아요.
대답은 '我姓 + [성], 叫 + [성과 이름]'으로 할 수 있어요.

문제로 확인해 보기

1 저건 뭐예요?
  ✔ 那 nà 나 저, 저것
  ▶ _____

2 당신은 무엇을 좋아하나요?
  ▶ _____

3 당신의 이름은 무엇인가요?
  ▶ _____

오늘의 10분 끝!

22 그는 누구예요?

谁로 누구인지 묻기

 초간단 개념 잡기

의문사 '谁 shéi'는 '누구'라는 뜻으로 사람에 대해 물을 때 사용합니다.

他	是	谁?
타	스	쉐이
그는	예요?	누구

입에서 바로 나오는 문장 말하기

他 是 谁?
Tā shì shéi?
타 스 쉐이

그는 누구예요?

她 找 谁?
Tā zhǎo shéi?
타 쟈오 쉐이

그녀는 누구를 찾나요?

你 喜欢 谁?
Nǐ xǐhuan shéi?
니 시환 쉐이

당신은 누구를 좋아해요?

✔ **단어 체크**

谁 shéi 쉐이 누구 / 找 zhǎo 쟈오 찾다

3분 회화로 응용하기

🔊 22-2

他是谁?
Tā shì shéi?
그는 누구예요?

他是我(*的) 同事。
Tā shì wǒ (de) tóngshì.
그는 제 동료예요.

★ '的 de [더]'는 '~의'라는 조사
로 수식어와 명사를 연결해 주는
역할을 해요. 혈연 관계, 소속을
나타낼 때는 생략할 수 있어요.

☐ 老板 lǎobǎn [라오 반] 사장, 주인

☐ 朋友 péngyou [펑 요우] 친구

☐ 爱人 àiren [아이 런] 배우자(남편 혹은 아내)

★ 가족 호칭

아버지	어머니	오빠/형	누나/언니	여동생	남동생
爸爸	妈妈	哥哥	姐姐	妹妹	弟弟
bàba	māma	gēge	jiějie	mèimei	dìdi
[빠 바]	[마 마]	[꺼 거]	[지에 지에]	[메이 메이]	[띠 디]

3분 문제로 확인해 보기

1 그녀는 누구예요?

▶ _____

2 당신은 누구를 찾나요?

▶ _____

3 그는 누구를 좋아해요?

▶ _____

오늘의 **10분 끝!**

23

어디에 있어요?

哪儿로 장소, 위치 묻기

강의 영상 보기

2분 초간단 개념 잡기

'哪儿 nǎr'은 '어디'라는 뜻으로 장소나 위치를 묻는 의문사입니다. 앞에 '~에 있다'의 동사 '在 zài'를 붙여 '在+哪儿?'이라고 하면 '어디에 있니?'라는 뜻이며, '가다'의 동사 去 qù'와 함께 '去+哪儿?'이라고 하면 '어디에 가니?'라고 묻는 표현입니다.

你	在	哪儿?
니	짜이	날
당신은	있어요?	어디

2분 입에서 바로 나오는 문장 말하기

🎧 23-1

你 在 哪儿?
Nǐ zài nǎr?
니 짜이 날

당신 어디에 있어요?

你 家 在 哪儿?
Nǐ jiā zài nǎr?
니 찌아 짜이 날

당신 집은 어디예요?

你 去 哪儿?
Nǐ qù nǎr?
니 취 날

당신은 어디에 가요?

✔ 단어 체크

在 zài 짜이 ~에 있다 [여기서는 동사의 쓰임이며, PART1/07에서는 전치사의 쓰임] / 哪儿 nǎr 날 어디 /

家 jiā 찌아 집

회화로 응용하기   🎧 23-2

你在哪儿?
Nǐ zài nǎr?
당신 어디예요?

我在家。
Wǒ zài jiā.
저는 집에 있어요.

- ☐ 公司 gōngsī [꿍 쓰] 회사
- ☐ 学校 xuéxiào [쉬에 씨아오] 학교
- ☐ 外边 wàibian [와이 비엔] 바깥, 외부
- ☐ 咖啡厅 kāfēitīng [카 페이 팅] 커피숍

 문제로 확인해 보기

1 그는 어디에 있어요?   ▶ _____

2 그녀 집은 어디예요?   ▶ _____

3 그들은 어디에 가나요?   ▶ _____

오늘의 10분 끝!

24 우리 언제 만나요?

什么时候로 시간, 시기 묻기

강의 영상 보기

 초간단 개념 잡기

'什么时候 shénme shíhou'는 '언제'라는 뜻으로 시간이나 때를 물을 때 사용합니다.

我们	什么时候	见面?
워 먼	션머 스호우	찌엔 미엔
우리	언제	만나요?

 입에서 바로 나오는 문장 말하기 🎧 24-1

我们 什么时候 见面?		우리 언제 만나요?
Wǒmen shénme shíhou jiànmiàn?		
워 먼 션 머 스 호우 찌엔 미엔		

他 什么时候 回家?	'집으로 가다'라고 말할 때 去家라고 하지 않아요.	그는 언제 귀가해요?
Tā shénme shíhou huíjiā?		
타 션 머 스 호우 후이 찌아		

你 什么时候 有空?		당신은 언제 시간 있어요?
Nǐ shénme shíhou yǒukòng?		
니 션 머 스 호우 요우 콩		

✔ **단어 체크**

什么时候 shénme shíhou 션머스호우 언제 / 见面 jiànmiàn 찌엔미엔 만나다 / 回家 huíjiā 후이찌아 귀가하다 /
有空 yǒukòng 요우콩 시간이 나다, 여유가 있다

3분 회화로 응용하기 🔊 24-2

我们什么时候见面?
Wǒmen shénme shíhou jiànmiàn?
우리 언제 만나요?

*星期五见面*吧。
Xīngqīwǔ jiànmiàn ba.
금요일에 만납시다.

☐ 周末 zhōumò [쪼우 모어] 주말
☐ 下周 xiàzhōu [씨아 쪼우] 다음 주

★ 요일 표현

월요일	화요일	수요일	목요일	금요일	토요일	일요일
星期一	星期二	星期三	星期四	星期五	星期六	星期日/星期天
xīngqīyī	xīngqī'èr	xīngqīsān	xīngqīsì	xīngqīwǔ	xīngqīliù	xīngqīrì/xīngqītiān
[씽치 이]	[씽치 얼]	[씽치 싼]	[씽치 쓰]	[씽치 우]	[씽치 리우]	[씽치 르 / 씽치 티엔]

★ '吧 ba [바]'는 문장 끝에 쓰여 '~하자', '~합시다'라는 권유나 제안의 의미를 나타내요.

3분 문제로 확인해 보기

1 우리 언제 만날까요? ▶ _____

2 그녀는 언제 시간이 있나요? ▶ _____

3 당신은 언제 귀국해요? ▶ _____
　　✓ 回国 huíguó [후이 구어] 귀국하다

오늘의 10분 끝!

24 우리 언제 만나요? **87**

25 지금 몇 시예요?

几로 시간, 날짜, 수량 묻기

강의 영상 보기

2분 초간단 개념 잡기

'几 jǐ'는 '몇'이라는 뜻으로 시간, 날짜, 요일, 나이 등 10 이하의 적은 수를 물을 때 사용하는 의문사입니다.

现在	几	点?
씨엔 짜이	지	디엔
지금	몇	시예요?

2분 입에서 바로 나오는 문장 말하기 25-1

现在 几 点?
Xiànzài jǐ diǎn?
씨엔 짜이 지 디엔

시간을 물을 때
지금 몇 시예요?

今天 几 月 几 号, 星期 几?
Jīntiān jǐ yuè jǐ hào, xīngqī jǐ?
찐 티엔 지 위에 지 하오 씽치 지

날짜와 요일을 물을 때
오늘은 몇 월 며칠,
무슨 요일이에요?

你 有 几 个 孩子?
Nǐ yǒu jǐ ge háizi?
니 요우 지 그어 하이즈

'个'와 같이 명사를 세는 단위를 '양사'라고 하며, 명사에 따라 다양한 양사를 사용해요.

10개 이하 수량을 물을 때
당신은 아이가 몇 명 있어요?

✓ 단어 체크

现在 xiànzài 씨엔 짜이 지금 / 几 jǐ 지 몇 / 点 diǎn 디엔 시 [시간] / 今天 jīntiān 찐 티엔 오늘 / 月 yuè 위에 월 / 号 hào 하오 일 / 星期 xīngqī 씽치 요일 / 个 ge 그어 개, 명 [사물이나 사람을 세는 단위]

3분 회화로 응용하기 🔊 25-2

现在几点?
Xiànzài jǐ diǎn?
지금 몇 시예요?

现在一*点十*分。
Xiànzài yì diǎn shí fēn.
지금은 1시 10분이에요.

★ 시간을 세는 단위는 '点 diǎn [디엔]', 분을 세는 단위는 '分 fēn [펀]'이에요.
★ 30분은 '半 bàn [빤] 절반'이라고 말하기도 해요. 예 一点半 yì diǎn bàn 1시 반

今天几月几号,
Jīntiān jǐ yuè jǐ hào,
오늘 몇 월 며칠,

星期几?
xīngqī jǐ?
무슨 요일이에요?

今天2月12号,
Jīntiān èr yuè shí èr hào,
오늘은 2월 12일,

星期二。
xīngqī'èr.
화요일이에요.

你有几个孩子?
Nǐ yǒu jǐ ge háizi?
아이가 몇 명 있나요?

我有*两个孩子。
Wǒ yǒu liǎng ge háizi.
2명의 아이가 있어요.

★ 양사 앞에 오는 2는 '两 liǎng [량]'으로 쓰고 발음해요. 예 二个 (×) → 两个 (○)

3분 문제로 확인해 보기

1 지금 몇 시예요?　　▶ _____

2 오늘은 무슨 요일이에요?　　▶ _____

3 당신은 아이가 몇 명 있어요?　　▶ _____

오늘의 10분 끝!

26 이거 얼마예요?

多少로 가격, 수량, 번호 묻기

강의 영상 보기

2분 초간단 개념 잡기

'多少 duō shao'는 '얼마나', '얼만큼'이라는 뜻으로 주로 10 이상의 수를 물을 때 사용하며, 가격, 수량, 전화번호 등을 묻습니다.

这个	多少	钱?
쪄거	뚜오 샤오	치엔
이것은	얼마예요?	(가격)

2분 입에서 바로 나오는 문장 말하기 🎧 26-1

这个 多少 钱?
Zhège duō shao qián?
쪄거 뚜오 샤오 치엔

가격을 물을 때
이거 얼마예요?

那儿 有 多少 人?
Nàr yǒu duō shao rén?
날 요우 뚜오 샤오 런

수량을 물을 때
그곳에는 몇 사람이 있어요?

你 的 手机 号 是 多少?
Nǐ de shǒujī hào shì duō shao?
니 더 쇼우지 하오 스 뚜오 샤오

번호를 물을 때
당신의 휴대폰 번호는 몇 번이에요?

✓ 단어 체크

多少 duō shao 뚜오 샤오 얼마나, 얼만큼 / 那儿 nàr 날 저기, 저곳 / 人 rén 런 사람 / 手机 shǒujī 쇼우지 휴대폰 / 号(码) hào(mǎ) 하오 (마) 번호

这个多少钱?
Zhège duō shao qián?
이것은 얼마예요?

100 *块(钱)。
Yì bǎi kuài (qián).
100위안이에요.

★ 중국의 기본 화폐 단위는 '元 yuán [위엔]'입니다. 회화에서는 주로 '块 kuài [콰이]'를 써요.

那儿有多少人?
Nàr yǒu duō shao rén?
그곳에는 몇 사람이 있나요?

有20个人。
Yǒu èr shí ge rén.
20명이 있어요.

你的手机号是多少?
Nǐ de shǒujī hào shì duō shao?
당신 폰 번호가 몇 번이에요?

0*10-1234-5678。
Líng yāo líng-yāo èr sān
sì-wǔ liù qī bā.

★ 전화번호나 방 번호를 말할 때는 숫자 1을 'yī [이]'가 아니라 'yāo [야오]'로 읽어요.

3분 문제로 확인해 보기

1 이거 얼마예요?
▶ _____

2 당신의 폰 번호는 몇 번이에요?
▶ _____

3 당신들 팀에는 몇 사람이 있나요?
▶ _____

☑ 部门 bùmén 뿌먼 팀, 부서

오늘의 10분 끝!

어떻게 가요?

27

怎么로 방법, 방식 묻기

강의 영상 보기

2분 초간단 개념 잡기

'怎么 zěnme'는 '어떻게'라는 뜻으로 동작의 방식에 대해 물을 때 사용하는 의문사입니다.

我们	怎么	去?
위먼	쩐 머	취
우리는	어떻게	가요?

2분 입에서 바로 나오는 문장 말하기 🎧 27-1

我们 怎么 去?
Wǒmen zěnme qù?
위먼　쩐 머　취

우리는 어떻게 가요?

这个 怎么 卖?
Zhège zěnme mài?
쩌 거　쩐 머　마이

> 가격을 물어보는 또 다른 표현으로, 주로 무게 단위로 파는 물건을 살 때 사용해요.

이건 어떻게 팔아요?

您 怎么 称呼?
Nín zěnme chēnghu?
닌　쩐 머　 청후

당신을 어떻게 부르나요?
(성함이 어떻게 되세요?)

✔ **단어 체크**

怎么 zěnme 쩐 머 어떻게 / 卖 mài 마이 팔다 / 称呼 chēnghu 청후 부르다, 일컫다

我们*怎么去?
Wǒmen zěnme qù?
우리는 어떻게 가나요?

坐地铁去吧。
Zuò dìtiě qù ba.
지하철을 타고 갑시다.

★ '怎么去? zěnme qù? [쩐 머 취]'는
어떤 교통수단을 이용하여 가는지를 묻는
표현이에요.

☐ 开车 kāichē [카이 쳐] 차를 운전하다
☐ 坐公交车 zuò gōngjiāochē [쭈오 꽁 찌아오 쳐] 버스를 타다
☐ 坐出租车 zuò chūzūchē [쭈오 추 쭈 쳐] 택시를 타다
☐ 骑自行车 qí zìxíngchē [치 쯔 싱 쳐] 자전거를 타다
☐ 骑摩托车 qí mótuōchē [치 모어 투어 쳐] 오토바이를 타다

1 우리는 어떻게 가요? ▶ _____

2 이건 어떻게 팔아요? ▶ _____

3 당신을 어떻게 부르나요? ▶ _____

오늘의 10분 끝!

28 왜 그녀를 좋아해요?

为什么로 이유, 목적 묻기

강의 영상 보기

초간단 개념 잡기

'为什么 wèi shénme'는 '왜'라는 뜻으로 동작의 원인이나 목적을 물을 때 쓰는 의문사입니다.

你	为什么	喜欢 她?
니	웨이 션 머	시 환 타
당신은	왜	그녀를 좋아해요?

입에서 바로 나오는 문장 말하기

 28-1

你 为什么 喜欢 她?
Nǐ wèi shénme xǐhuan tā?
니 　웨이 션 머 　시 환 　타

당신은 왜 그녀를 좋아해요?

你 为什么 不 参加?
Nǐ wèi shénme bù cānjiā?
니 　웨이 션 머 　뿌 　찬 찌아

당신은 왜 참가하지 않아요?

你 为什么 哭?
Nǐ wèi shénme kū?
니 　웨이 션 머 　쿠

당신은 왜 울어요?

✔ 단어 체크

为什么 wèi shénme 웨이 션 머 왜 / 参加 cānjiā 찬 찌아 참가하다 / 哭 kū 쿠 울다

你为什么*不参加?
Nǐ wèi shénme bù cānjiā?
당신은 왜 참가하지 않나요?

我今天有事儿。
Wǒ jīntiān yǒu shìr.
저는 오늘 일이 있어요.

☐ 来 lái [라이] 오다

☐ 上班 shàngbān [샹 빤] 출근하다

★ '~이 아니다'라는 부정을 나타내는 '不 bù [뿌]'는 화자의 의지를 부정하기도 해요.
'안 ~하다', '~하지 않겠다' 등의 의미로 과거, 현재, 미래의 부정에 써요.

3분 문제로 확인해 보기

1 그는 왜 울어요? ▶ _____

2 그녀는 왜 오지 않아요? ▶ _____

3 그는 왜 그녀를 좋아해요? ▶ _____

오늘의 **10분** 끝!

29 커피 마실래요 아니면 밀크티 마실래요?

A还是B로 A, B 선택 묻기

강의 영상 보기

 초간단 개념 잡기

'还是 háishi'는 '~아니면', '또는'이라는 뜻으로 'A还是B?'의 형태로 쓰여 두 가지 선택 사항 중 하나를 선택하게 하는 의문사입니다. 이때 둘 중 반드시 하나를 골라 대답해야 하며, 다른 의문사와 마찬가지로 문장 끝에 '吗?'를 쓸 수 없습니다.

喝 咖啡	还是	喝 奶茶?
흐어 카 페이	하이스	흐어 나이차
커피 마실래요	아니면	밀크티 마실래요?

 입에서 바로 나오는 문장 말하기 🎧 29-1

你 喝 咖啡 还是 喝 奶茶?
Nǐ hē kāfēi háishi hē nǎichá?
니 흐어 카 페이 하이스 흐어 나이차

당신 커피 마실래요 아니면 밀크티 마실래요?

他 今天 去 还是 明天 去?
Tā jīntiān qù háishi míngtiān qù?
타 찐 티엔 취 하이스 밍 티엔 취

그는 오늘 가나요 아니면 내일 가나요?

她 坐 火车 还是 坐 飞机?
Tā zuò huǒchē háishi zuò fēijī?
타 쭈오 후어 쳐 하이스 쭈오 페이 지

그녀는 기차를 타나요 아니면 비행기를 타나요?

✓ **단어 체크**

还是 háishi 하이스 아니면, 또는 / 奶茶 nǎichá 나이차 밀크티 / 明天 míngtiān 밍 티엔 내일 /
火车 huǒchē 후어 쳐 기차 / 飞机 fēijī 페이 지 비행기

你喝咖啡还是喝奶茶?
Nǐ hē kāfēi háishi hē nǎichá?
커피 마실래요 아니면 밀크티 마실래요?

- ☐ 喝可乐 hē kělè [흐어 크어 러] 콜라
- ☐ 要冰的 yào bīng de [야오 삥 더] 찬 것을 원하다
- ☐ 在这儿吃 zài zhèr chī [짜이 쩔 츠] 여기서 먹다, 매장에서 먹다

- ☐ 喝雪碧 hē xuěbì [흐어 쉬에 삐] 사이다
- ☐ 要热的 yào rè de [야오 르어 더] 뜨거운 것을 원하다
- ☐ 带走 dài zǒu [따이 쪼우] 가지고 가다, 테이크아웃 하다

3분 문제로 확인해 보기

1 오늘 가나요 아니면
내일 가나요?
▸ _____

2 콜라 마실래요 아니면
사이다 마실래요?
▸ _____

3 여기서 먹나요 아니면
가지고 가나요?
▸ _____

오늘의 10분 끝!

30 얼마나 배웠어요?

多长时间으로 소요 시간, 기간 묻기

강의 영상 보기

2분 초간단 개념 잡기

'얼마나', '얼만큼'의 '多 duō' 뒤에 '길다', '오래다'의 형용사 '长 cháng'을 쓰고, 뒤에 '시간'의 '时间 shíjiān'을 붙여 '多长时间?'이라고 말하면 시간이 얼마나 걸리는지를 물을 수 있습니다.

学 了	多长时间?
쉬에 러	뚜오 챵 스 지엔
배웠어요?	얼마나(얼마의 시간 동안)

2분 입에서 바로 나오는 문장 말하기

  30-1

你 学 了 多长时间?
Nǐ xué le duō cháng shíjiān?
니 쉬에 러 뚜오 챵 스 지엔

> '了 le'는 주로 동사 뒤에 와서 동작이나 상황이 완료된 과거 시제를 나타내요.

당신은 얼마 동안 배웠어요?

你 练 了 多长时间?
Nǐ liàn le duō cháng shíjiān?
니 리엔 러 뚜오 챵 스 지엔

당신은 얼마나 연습했어요?

你 工作 了 多长时间?
Nǐ gōngzuò le duō cháng shíjiān?
니 꽁쭈어 러 뚜오 챵 스 지엔

당신은 얼마나 일했어요?

✓ 단어 체크

了 le 러 ~했다 [과거 시제를 나타냄] / 多长 duō cháng 뚜오 챵 얼마나 오래 / 时间 shíjiān 스 지엔 시간 / 练 liàn 리엔 연습하다

3분 회화로 응용하기

你*学汉语学了多长时间?
Nǐ xué Hànyǔ xué le duō cháng shíjiān?
당신은 중국어를 얼마 동안 배웠나요?

我学汉语学了一年。
Wǒ xué Hànyǔ xué le yì nián.
저는 중국어를 1년 배웠어요.

★ 목적어를 넣어 구체적으로 말하고 싶을 때는
주어 뒤에 '동사 + 목적어'를 넣어요.

你工作*了多长时间*了?
Nǐ gōngzuò le duō cháng shíjiān le?
당신은 몇 년째 일하고 있나요?

我工作了十年了。
Wǒ gōngzuò le shí nián le.
저는 10년째 일하고 있어요.

★ '~째 ~하고 있다'라고 말하려면 동사 뒤에 '了 le [러]',
문장 끝에 '了 le [러]'를 붙여 동작이 지속되고 있음을 표현해요.

3분 문제로 확인해 보기

1 당신은 얼마 동안 연습했어요? ▶ _____

2 당신은 얼마 동안 일했어요? ▶ _____

3 당신은 얼마 동안 사용했어요? ▶ _____
✓ 用 yòng 용 사용하다, 쓰다

오늘의 10분 끝!

30 얼마나 배웠어요? 99

1. 한국 여자 소미, 중국 남자 샤오지엔의 첫 만남입니다. 어떤 질문과 대답으로 대화가 오가는지 한번 들어볼까요? 🎧30-R1

≫ 첫만남, 커피숍에서

女 你好! 我叫小美。 안녕하세요! 저는 소미라고 해요.
Nǐ hǎo! Wǒ jiào Xiǎoměi.

你是小健吗? 샤오지엔인가요?
Nǐ shì Xiǎojiàn ma?

男 是的。你好! 请坐。 네, 안녕하세요! 앉으세요.
Shì de. Nǐ hǎo! Qǐng zuò.

你要喝什么? 어떤 거 마실래요?
Nǐ yào hē shénme?

女 我要一杯美式咖啡。 저는 아메리카노 한 잔이요.
Wǒ yào yì bēi měishì kāfēi.

男 你要热的还是冰的? 따뜻한 걸로 할까요 차가운 걸로 할까요?
Nǐ yào rè de háishi bīng de?

女 我要热的。谢谢。 저는 따뜻한 걸로요. 고마워요.
Wǒ yào rè de. Xièxie.

男 好的。我去点。 알겠어요. 제가 가서 주문할게요.
Hǎo de. Wǒ qù diǎn.

≫ 음료를 마시며 대화를 이어가는 두 사람

女 你住在哪儿? 어디 사세요?
Nǐ zhù zài nǎr?

男 我住在这儿附近。你呢? 저는 여기 근처에 살아요. 소미씨는요?
Wǒ zhù zài zhèr fùjìn. Nǐ ne?

✓ 단어 체크

杯 bēi 뻬이 잔, 컵 [컵이나 잔을 세는 단위] / 美式咖啡 měishì kāfēi 메이스 카 페이 아메리카노 / 谢谢 xièxie
씨에 시에 감사하다 / 点 diǎn 디엔 주문하다 / 这儿 zhèr 쩔 여기, 이곳 / 附近 fùjìn 푸찐 근처

女 我也是，离这儿不远。 저도요. 여기서 멀지 않아요.
Wǒ yě shì, lí zhèr bù yuǎn.

男 你的汉语很不错。 중국어를 잘하시네요.
Nǐ de Hànyǔ hěn búcuò.

你学了多长时间了? 얼마나 배웠어요?
Nǐ xué le duō cháng shíjiān le?

女 学了三个月了。 3개월째 배우고 있어요.
Xué le sān ge yuè le.

男 你为什么学汉语? 왜 중국어를 배우세요?
Nǐ wèi shénme xué Hànyǔ?

女 我打算去中国旅行。 중국에 여행 가려고요.
Wǒ dǎsuàn qù Zhōngguó lǚxíng.

男 你打算什么时候去? 언제 갈 계획이에요?
Nǐ dǎsuàn shénme shíhou qù?

女 明年? 내년?
Míngnián?

男 你打算跟谁一起去? 누구랑 갈 거예요?
Nǐ dǎsuàn gēn shéi yìqǐ qù?

女 我打算跟朋友一起去。 친구랑 같이 갈 거예요.
Wǒ dǎsuàn gēn péngyou yìqǐ qù.

男 那么，我告诉你几家好吃的饭店。 그럼 제가 맛집 몇 곳을 알려 줄게요.
Nàme, wǒ gàosu nǐ jǐ jiā hǎochī de fàndiàn.

女 好啊! 谢谢你! 좋아요! 감사해요!
Hǎo a! Xièxie nǐ!

✓ **단어 체크**

离 lí 리 ~에서 / 远 yuǎn 위엔 멀다 / 不错 búcuò 부추어 좋다, 괜찮다 / 跟 gēn 껀 ~와(과) / 一起 yìqǐ
이치 함께, 같이 / 那么 nàme 나머 그럼, 그렇다면 / 告诉 gàosu 까오수 알리다, 말하다 / 家 jiā 찌아 집, 채
[가게·기업 등를 세는 단위] / 好吃 hǎochī 하오츠 맛있다 / 好啊 hǎo a 하오아 그래, 좋아

21-30 / Review

2/ 질문의 유형을 정리해 봅시다. 🔊 30-R2

❶ 이름 묻기

아랫사람, 또래에게	윗사람에게	일반적으로(정중하게)
Q 你叫什么(名字)? Nǐ jiào shénme míngzi? 이름이 뭐예요?	Q 您贵姓? Nín guì xìng? 존함이 어떻게 되세요?	Q 您怎么称呼? Nín zěnme chēnghu? 어떻게 부르면 되죠?
A 我叫***。 Wǒ jiào ***. 저는 ***예요.	A 我姓*，叫***。 Wǒ xìng *, jiào ***. 성은 *이고, 이름은 ***예요.	A 我姓*，叫***。 Wǒ xìng *, jiào ***. 성이 *이고, ***라고 해요.

❷ 나이 묻기

10세 이하 아이에게	아랫사람, 또래에게	연장자, 윗사람에게
Q 你几岁? Nǐ jǐ suì? 몇 살이니?	Q 你多大? Nǐ duō dà? 나이가 어떻게 되요?	Q 您多大年纪? Nín duō dà niánjì? 연세가 어떻게 되세요?
A 我八岁。 Wǒ bā suì. 8살이에요.	A 我三十岁。 Wǒ sān shí suì. 서른 살이에요.	A 我六十岁。 Wǒ liù shí suì. 예순 살입니다.

❸ 국적·지역 묻기

어느 나라 사람인지	어느 지역 사람인지
Q 你是哪国人? Nǐ shì nǎ guó rén? 어느 나라 사람이에요?	Q 你是哪里人? Nǐ shì nǎ li rén? 어디 사람이에요?
A 我是韩国人。 Wǒ shì Hánguó rén. 저는 한국인이에요.	A 我是北京人。 Wǒ shì Běijīng rén. 저는 베이징 사람이에요.

❹ 하는 일 묻기

직장이 어디인지	직업이 무엇인지
Q 你在哪儿工作? Nǐ zài nǎr gōngzuò? 어디서 일해요?	Q 你做什么工作? Nǐ zuò shénme gōngzuò? 어떤 일을 해요?
A 我在银行工作。 Wǒ zài yínháng gōngzuò. 저는 은행에서 일해요.	A 我是记者。 Wǒ shì jìzhě. 저는 기자예요.

102 해 봐! 하루 10분 왕초보 중국어

❺ 날짜·요일·시간 묻기

날짜 묻기	요일 묻기	시간 묻기
Q 今天几月几号? Jīntiān jǐ yuè jǐ hào? 오늘 몇 월 며칠이죠?	Q 今天星期几? Jīntiān xīngqī jǐ? 오늘 무슨 요일이죠?	Q 现在几点? Xiànzài jǐ diǎn? 지금 몇 시예요?
A 今天十月十一号。 Jīntiān shí yuè shí yī hào. 오늘은 10월 11일이에요.	A 今天星期五。 Jīntiān xīngqīwǔ. 오늘은 금요일이에요.	A 现在两点半。 Xiànzài liǎng diǎn bàn. 지금은 2시 반이에요.

❻ 가격 묻기

일반적으로	무게로 계산하는 물건에
Q 这个多少钱? Zhège duō shao qián? 이건 얼마에요?	Q 这个怎么卖? Zhège zěnme mài? 이건 어떻게 팔아요?
A 一百块。 Yì bǎi kuài. 100위안이에요.	A 一斤五块。 Yì jīn wǔ kuài. 한 근에 5위안이에요.

❼ '多 duō 얼마, 얼만큼 + 형용사'로 묻기

가격, 수량, 번호를 물을 때	多少? duō shao?	Q 密码是多少? 비밀번호가 뭐예요? Mìmǎ shì duō shao?
나이, 크기를 물을 때	多大? duō dà?	Q 你穿多大号的? 사이즈 몇 호 입어요? Nǐ chuān duō dà hào de?
시간, 길이를 물을 때	多长? duō cháng?	Q 这座桥多长? 교량의 길이는 얼마예요? Zhè zuò qiáo duō cháng?
키, 높이를 물을 때	多高? duō gāo?	Q 你多高? 키가 몇이에요? Nǐ duō gāo?

❽ '怎么 zěnme 어떻게'로 묻기

동작의 방식 묻기	의견, 성질, 상태 묻기	상태, 상황 묻기 (주로 놀람·의외의 상황에서)
Q 这个字怎么写? Zhège zì zěnme xiě? 이 글자 어떻게 써요?	Q 这个怎么样? Zhège zěnmeyàng? 이거 어때요?	Q 你怎么了? Nǐ zěnme le? 왜 그래요? / 무슨 일이에요?
Q 我怎么办? Wǒ zěnme bàn? 나 어떡하지?		

대륙의 필수 어플 — 위챗

우리나라의 카카오톡처럼 중국인이 보편적으로 사용하는 대표적인 SNS는 무엇일까요? 바로 위챗(WeChat) 微信 Wēixìn 입니다. 2011년 출시된 이후 현재 스마트폰을 쓰는 중국인 모두가 위챗을 쓴다고 말할 수 있을 정도로 이제는 단순한 모바일 메신저가 아닌 생활 필수 애플리케이션으로 자리잡았죠. 특히 마트나 상점에서 지갑 대신 휴대폰을 꺼내 결제하는 모습을 흔히 볼 수 있는데, 거지도 위챗페이로 동냥을 받는다는 우스갯소리가 있을 만큼 위챗은 중국인의 생활 패턴을 바꿔놓았습니다. 위챗은 위챗페이라는 이름으로 결제 서비스를 제공할 뿐 아니라 외식배달 및 각종 O2O 서비스를 제공함으로써 사용자의 생활 편의성을 높이고 있습니다.

O2O 서비스의 생활화

O2O 서비스는 온라인에서 결제하고 오프라인에서 서비스를 받거나, 오프라인에서 주문하고 결제한 후 온라인에서 서비스를 받는 것을 가리킵니다. 우리나라의 배달의 민족, 요기요와 유사한 외식업체 메이퇀 美团 Měituán, 어러머 饿了么 Èleme, 그리고 카카오 T와 비슷한 택시호출 서비스인 디디추싱 滴滴出行 Dīdī chūxíng 등을 그 예로 들 수 있습니다.

또 계정에 은행 카드를 연동해 놓으면 계좌이체도 할 수 있어 경조사나 명절, 생일 등 특별한 날 상대방에게 성의를 표시해야 할 때, 세뱃돈, 축의금, 용돈 등을 넣어서 주는 빨간 봉투—홍빠오 红包 hóngbāo 를 이용해 원하는 만큼의 액수를 보낼 수 있습니다.

▶ 15억 중국인이 사용하는 SNS 위챗!

▶ 온라인으로 택시를 부르고, 결제까지 한번에!

▶ 경조사도 온라인 서비스로 해결!

▶ 음식점, 커피숍에서도 메뉴 주문과 계산을 QR 스캔으로 OK!

PART
04

디테일하게
표현하기!

20가지 레벨업 표현

31

쉬고 싶어요.

想으로 희망, 바람 말하기

강의 영상 보기

 초간단 개념 잡기

'想 xiǎng'은 '~하고 싶다'라는 뜻으로 말하는 사람의 바람, 희망을 나타낼 때 사용합니다.
'~하고 싶지 않다'라는 부정 표현은 '不想 bù xiǎng'이라고 표현합니다.

我	想	休息
워	시앙	씨우 시
저는	싶어요	쉬고

 입에서 바로 나오는 문장 말하기   🎧 31-1

我 想 休息。
Wǒ xiǎng xiūxi.
워 시앙 씨우 시

저는 쉬고 싶어요.

我 想 去 洗手间。
Wǒ xiǎng qù xǐshǒujiān.
워 시앙 취 시 쇼우 지엔

저는 화장실에 가고 싶어요.

我 想 出去 玩儿。
Wǒ xiǎng chūqù wánr.
워 시앙 추 취 왈

저는 나가서 놀고 싶어요.

✔ **단어 체크**

想 xiǎng 시앙 ~하고 싶다 / 休息 xiūxi 씨우 시 휴식하다, 쉬다 / 洗手间 xǐshǒujiān 시 쇼우 지엔 화장실 /
出去 chūqù 추 취 나가다

3분 회화로 응용하기 🔊 31-2

你下午想做什么?
Nǐ xiàwǔ xiǎng zuò shénme?
당신은 오후에 뭐 하고 싶어요?

我下午想休息。
Wǒ xiàwǔ xiǎng xiūxi.
저는 오후에 쉬고 싶어요.

- ☐ 散步 sànbù [싼 뿌] 산책하다
- ☐ 逛街 guàngjiē [꽝 찌에] (거리를 걸으며) 구경하다, 아이쇼핑하다
- ☐ 看足球赛 kàn zúqiú sài [칸 주 치우 싸이] 축구경기를 보다

3분 문제로 확인해 보기

1 저는 쉬고 싶어요. ▶ _____

2 저는 화장실에 가고 싶어요. ▶ _____

3 저는 아이스크림을 먹고 싶어요. ▶ _____
  ✓ 冰淇淋 bīngqílín [삥 치 린] 아이스크림

오늘의 10분 끝!

오늘의 **10분** 시작!

 32 사진 찍어도 되나요?

可以로 가능, 허가 말하기

 강의 영상 보기

(2분) 초간단 개념 잡기

'可以 kěyǐ'는 '~해도 된다', '할 수 있다'라는 뜻으로 조건의 허락, 허가를 나타낼 때 사용하는 표현입니다. '~하면 안 된다', '~할 수 없다'라는 부정형은 '不可以 bù kěyǐ라고 말하며, 강한 금지를 나타냅니다.

这儿	可以	拍照	吗?
쩔	커이	파이 쨔오	마
여기에서	될	사진을 찍어도	까요?

(2분) 입에서 바로 나오는 문장 말하기 32-1

这儿 可以 拍照 吗?
Zhèr kěyǐ pāizhào ma?
쩔 커이 파이 쨔오 마

여기에서 사진 찍어도 되나요?

前边 可以 停车 吗?
Qiánbian kěyǐ tíngchē ma?
치엔 비엔 커이 팅 쳐 마

앞쪽에 주차해도 되나요?

这个 可以 打折 吗?
Zhège kěyǐ dǎzhé ma?
쪄거 커이 다 졔 마

이거 할인 되나요?

✔ 단어 체크

这儿 zhèr ^쩔 여기, 이곳 / 可以 kěyǐ ^{커이} ~해도 되다 / 拍照 pāizhào ^{파이쨔오} 사진 찍다 / 前边 qiánbian ^{치엔비엔} 앞쪽 / 停车 tíngchē ^{팅쳐} 주차하다 / 打折 dǎzhé ^{다졔} 할인하다, 가격을 깎다

这儿可以拍照吗?
Zhèr kěyǐ pāizhào ma?
여기서 사진 찍어도 되나요?

这儿不可以拍照。
Zhèr bù kěyǐ pāizhào.
여기서는 사진을 찍을 수 없습니다.

☐ 下车 xiàchē [씨아 쳐] 차에서 내리다, 하차하다

☐ 抽烟 chōuyān [쵸우 옌] 담배를 피우다, 흡연하다

3분 문제로 확인해 보기

1 여기서 사진을 찍어도 되나요? ▶ _____

2 여기에 주차해도 되나요? ▶ _____

3 여기는 흡연할 수 없습니다. ▶ _____

오늘의 **10분** 끝!

33 이사를 하려고 해요.

要로 일정, 계획 말하기

강의 영상 보기

2분 초간단 개념 잡기

'~하려고 하다', '~할 것이다'라는 의미의 '要 yào'는 말하는 사람의 의지나 당위성을 나타냅니다. 부정 표현은 '~하고 싶지 않다'의 '不想 bù xiǎng'을 사용합니다.

我	要	搬家
위	야오	빤 찌아
저는	하려고 해요	이사를

2분 입에서 바로 나오는 문장 말하기

 33-1

我 要 搬家。
Wǒ yào bānjiā.
위 야오 빤 찌아

저는 이사를 하려고 해요.

他 要 去 打工。
Tā yào qù dǎgōng.
타 야오 취 다 꽁

그는 아르바이트를 하러 가려고 해요.

她 要 找 工作。
Tā yào zhǎo gōngzuò.
타 야오 쟈오 꽁 쭈어

그녀는 일을 찾으려고 해요.

✓ 단어 체크

要 yào 야오 ~하려고 하다, ~할 것이다 / 搬家 bānjiā 빤 찌아 이사하다 / 打工 dǎgōng 다 꽁 아르바이트하다 /
找工作 zhǎo gōngzuò 쟈오 꽁쭈어 일을 찾다, 구직하다

周末你*要做什么?
Zhōumò nǐ yào zuò shénme?
주말에 당신은 뭐 할 거예요?

周末我要搬家。
Zhōumò wǒ yào bānjiā.
주말에 저는 이사를 할 거예요.

★ 여기서의 '要 yào [야오]'는 조동사예요. PART2/19의 '~을 원하다', '필요하다'라는 동사 '要'와 쓰임이 달라요.

- ☐ 睡觉 shuìjiào [슈이 찌아오] 잠을 자다
- ☐ 打扫房间 dǎsǎo fángjiān [다 싸오 팡지엔] 방을 청소하다

3분 문제로 확인해 보기

1 저는 이사를 하려고 해요. ▸ _____

2 그는 일을 찾으려고 해요. ▸ _____

3 우리는 오늘 방을 청소할 거예요. ▸ _____

오늘의 10분 끝!

오늘의 *10분* 시작!

34 휘궈 먹어본 적 있어요.

동사+过로 과거의 경험 말하기

강의 영상 보기

2분 초간단 개념 잡기

'过 guo'는 '~한 적 있다'라는 뜻으로 과거에 해 보았던 경험을 이야기할 때 쓰는 표현입니다. '동사+过'의 형태로 쓰며, 이때 '过'는 경성으로 발음합니다.

我	吃	过	火锅
워	츠	궈	후어 구어
저는	먹어본	적 있어요	휘궈를

2분 입에서 바로 나오는 문장 말하기

🎧 34-1

我 吃 过 火锅。
Wǒ chī guo huǒguō.
워 츠 궈 후어 구어

저는 휘궈를 먹어본 적 있어요.

我 去 过 香港。
Wǒ qù guo Xiānggǎng.
워 취 궈 씨앙 강

저는 홍콩에 가본 적 있어요.

我 看 过 熊猫。
Wǒ kàn guo xióngmāo.
워 칸 궈 시옹 마오

저는 판다를 본 적 있어요.

✔ 단어 체크

过 guo 궈 ~한 적이 있다 / 火锅 huǒguō 후어 구어 휘궈 [중국식 샤브샤브 요리] / 香港 Xiānggǎng 씨앙 강
홍콩 / 熊猫 xióngmāo 시옹 마오 판다

114 해 봐! 하루 10분 왕초보 중국어

🔊 34-2

你们吃过火锅吗?
Nǐmen chī guo huǒguō ma?
훠궈를 먹어본 적 있어요?

我吃过，他*没吃过。
Wǒ chī guo, tā méi chī guo.
저는 먹어봤고, 그는 먹어본 적 없어요.

★ '~해본 적 없다'라고 할 때는 동사 앞에 '没 méi [메이]'를 붙여요.

☐ 看明星 kàn míngxīng [칸 밍 씽] 연예인(스타)을 보다
☐ 用微信 yòng Wēixìn [용 웨이 씬] 위챗을 사용하다

3분 문제로 확인해 보기

1 저는 홍콩에 가본 적이 있어요.　▶ ＿＿＿＿＿＿＿＿＿＿

2 저는 판다를 본 적이 없어요.　▶ ＿＿＿＿＿＿＿＿＿＿

3 저는 마라탕을 먹어본 적이 있어요.▶
　✓ 麻辣烫 málàtàng 마라탕 마라탕 [중국 음식]

오늘의 10분 끝!

35

이미 도착했어요.

己经…了로 동작의 완료 말하기

강의 영상 보기

2분 초간단 개념 잡기

'己经…了 yǐjīng…le'는 '이미 ~했다'라는 뜻으로 동작의 완료를 나타내는 표현입니다.

我	己经	到	了
위	이 징	따오	러
저는	이미	도착	했어요

2분 입에서 바로 나오는 문장 말하기

 35-1

我 己经 到 了。
Wǒ yǐjīng dào le.
위 이 징 따오 러

저는 이미 도착했어요.

我 己经 结婚 了。
Wǒ yǐjīng jiéhūn le.
위 이 징 지에 훈 러

저는 이미 결혼했어요.

电影 己经 开始 了。
Diànyǐng yǐjīng kāishǐ le.
띠엔 잉 이 징 카이스 러

영화가 이미 시작했어요.

✓ 단어 체크

己经 yǐjīng 이 징 이미, 벌써 / 到 dào 따오 도착하다 / 结婚 jiéhūn 지에 훈 결혼하다 / 开始 kāishǐ 카이스
시작하다

회화로 응용하기

35-2

*喂, 你到了吗?
Wéi, nǐ dào le ma?
여보세요, 당신은 도착했나요?

我已经到了。
Wǒ yǐjīng dào le.
저는 이미 도착했어요.

★ 전화를 받을 때의 '여보세요'는 '喂 wéi [웨이]'라고 해요.

☐ 下班 xiàbān [씨아 빤] 퇴근하다
☐ 出来 chūlái [추 라이] (밖으로) 나오다

문제로 확인해 보기

1 그는 이미 결혼했어요. ▶ _____

2 영화가 이미 시작했어요. ▶ _____

3 저는 이미 퇴근했어요. ▶ _____

오늘의 10분 끝!

36 통화 중이에요.

正在로 현재 진행형 말하기

강의 영상 보기

2분 초간단 개념 잡기

'正在 zhèngzài'는 '~하고 있다', '~하는 중이다'라는 뜻으로 동사 앞에 쓰여 어떤 동작이 진행되고 있음을 나타냅니다.

我	正在	打 电话
워	쩡 짜이	다 띠엔 화
저는	중이에요	통화하는

2분 입에서 바로 나오는 문장 말하기

 36-1

我 正在 打 电话。
Wǒ zhèngzài dǎ diànhuà.
워 쩡 짜이 다 띠엔 화

저는 통화하는 중이에요.

他们 正在 聊天儿。
Tāmen zhèngzài liáotiānr.
타 먼 쩡 짜이 리아오 티알

그들은 수다 떠는 중이에요.

她 正在 做 运动。
Tā zhèngzài zuò yùndòng.
타 쩡 짜이 쭈오 윈똥

그녀는 운동을 하는 중이에요.

✔ 단어 체크

正在 zhèngzài 쩡 짜이 지금 ~하고 있다, ~하고 있는 중이다 / 打 dǎ 다 (전화를) 걸다 / 电话 diànhuà 띠엔 화

전화 / 聊天儿 liáotiānr 리아오 티알 수다 떨다, 이야기를 나누다 / 运动 yùndòng 윈똥 운동, 운동하다

她正在做什么?
Tā zhèngzài zuò shénme?
그녀는 뭐 하고 있어요?

她正在**打电话**。
Tā zhèngzài dǎ diànhuà.
그녀는 통화 중이에요.

- ☐ 开会 kāihuì [카이 후이] 회의하다
- ☐ 洗澡 xǐzǎo [시 쟈오] 샤워하다
- ☐ 玩儿游戏 wánr yóuxì [왈 요우 씨] 게임하다

3분 문제로 확인해 보기

1 우리는 수다를 떠는 중이에요. ▸ _____

2 저는 운동을 하는 중이에요. ▸ _____

3 그는 샤워하는 중이에요. ▸ _____

오늘의 10분 끝!

37 곧 새해예요.

快要…了로 임박한 상황 말하기

강의 영상 보기

 초간단 개념 잡기

'快要…了 kuàiyào…le'는 '곧 ~이다', '곧 ~하려고 하다'라는 의미로 상황이 곧 발생할 것임을 나타냅니다.

快要	新年	了
콰이 야오	씬 니엔	러
곧	새해	예요

 입에서 바로 나오는 문장 말하기 37-1

快要 新年 了。
Kuàiyào xīnnián le.
콰이 야오 씬 니엔   러

곧 새해예요.

他 快要 毕业 了。
Tā kuàiyào bìyè le.
타 콰이 야오 삐 예   러

그는 곧 졸업해요.

电影 快要 结束 了。
Diànyǐng kuàiyào jiéshù le.
띠엔 잉 콰이 야오 지에 슈   러

영화가 곧 끝나요.

✓ 단어 체크

快要 kuàiyào 콰이 야오 곧 ~이다, 곧 ~하려고 하다 / 新年 xīnnián 씬 니엔 새해, 신년 / 毕业 bìyè 삐 예
졸업하다 / 结束 jiéshù 지에 슈 끝나다

快要新年了。
Kuàiyào xīnnián le.
곧 새해예요.

*新年快乐!
Xīnnián kuàilè!
새해 즐겁게 보내세요!

- ☐ 周末 zhōumò [쪼우 모어] 주말
- ☐ 春节 Chūnjié [춘 지에] 음력설
- ☐ 圣诞节 Shèngdànjié [셩 딴 지에] 크리스마스

★ '新年快乐 xīnnián kuàilè [씬 니엔 콰이 러]'는 우리말의 '새해 복 많이 받으세요'처럼 가장 일반적인 중국의 새해 인사말이에요. '快乐 kuàilè [콰이 러]'는 '즐겁다'라는 뜻이에요.

3분 문제로 확인해 보기

1 곧 새해예요. ▶ _____

2 영화가 곧 끝나요. ▶ _____

3 곧 크리스마스예요. ▶ _____

오늘의 10분 끝!

38 밥 먹으며 TV 봐요.

一边…一边…으로 동시 동작 말하기

강의 영상 보기

2분 초간단 개념 잡기

'一边 yìbiān'은 '한쪽', '한면', '한편'이라는 뜻입니다. '一边+동사(구), 一边+동사(구)'라는 관용 표현은 '~하면서 ~하다'라는 뜻으로 두 가지 동작이 동시에 진행되고 있음을 나타냅니다.

一边	吃饭	一边	看 电视
이 삐엔	츠 판	이 삐엔	칸 띠엔스
하면서	밥을 먹다	하다	TV를 보다

2분 입에서 바로 나오는 문장 말하기 🔊 38-1

我 一边 吃饭 一边 看 电视。
Wǒ yìbiān chīfàn yìbiān kàn diànshì.
워 이 삐엔 츠 판 이 삐엔 칸 띠엔스

저는 밥 먹으며 TV를 봐요.

他 一边 开车 一边 听 音乐。
Tā yìbiān kāichē yìbiān tīng yīnyuè.
타 이 삐엔 카이 쳐 이 삐엔 팅 인 위에

그는 운전하며 음악을 들어요.

他们 一边 拍手 一边 唱歌。
Tāmen yìbiān pāishǒu yìbiān chànggē.
타 먼 이 삐엔 파이 쇼우 이 삐엔 창 끄어

그들은 손뼉을 치며 노래를 불러요.

✓ 단어 체크

一边…一边… yìbiān…yìbiān… 이 삐엔~ 이 삐엔~ ~하면서 ~하다 / 吃饭 chīfàn 츠 판 밥을 먹다, 식사하다 / 电视 diànshì 띠엔스 텔레비전, TV / 拍手 pāishǒu 파이 쇼우 박수, 손뼉을 치다 / 唱歌 chànggē 창 끄어 노래하다

他们*在做什么?
Tāmen zài zuò shénme?
그들은 무엇을 하고 있나요?

他们一边吃饭，一边聊天儿。
Tāmen yìbiān chīfàn, yìbiān liáotiānr.
그들은 식사하면서 이야기를 나눠요.

★ 여기서 '在 zài [짜이]'는 '~하고 있는 중이다'라는 뜻으로 PART 4/36의 현재 진행형 표현 '正在 zhèngzài [쩡 짜이]'와 같은 쓰임새로 쓰였어요. '在 zài'의 다른 쓰임새는 PART 1/7, PART 3/23을 참고하세요.

☐ 吃炸鸡 chī zhájī [츠 쟈 찌] 치킨을 먹다

☐ 看棒球赛 kàn bàngqiú sài [칸 빵 치우 싸이] 야구 경기를 보다

3분 문제로 확인해 보기

1 저는 운전을 하며 노래를 불러요. ▶ _____

2 그는 밥을 먹으며 휴대폰을 봐요. ▶ _____

3 우리는 맥주를 마시며 야구 경기를 봐요. ▶ _____

오늘의 10분 끝!

39 그는 크고 잘생겼어요.

又…又…로 성질, 상태 말하기

강의 영상 보기

2분 초간단 개념 잡기

'~하기도 하고 ~하기도 하다'라는 뜻을 가진 관용 표현 '又…又… yòu…yòu…'는 두 가지 특징이나 성질, 상태가 동시에 나타날 때 사용할 수 있으며, 사람의 외모, 성격, 특징 등에 대해 말할 때도 사용할 수 있습니다.

又	高	又	帅
요우	까오	요우	슈와이
하기도 하고	(키가) 크고	하기도 하다	잘생기다

2분 입에서 바로 나오는 문장 말하기

 39-1

他 又 高 又 帅。
Tā yòu gāo yòu shuài.
타 요우 까오 요우 슈와이

그는 크고 잘생겼어요.

桃子 又 大 又 甜。
Táozi yòu dà yòu tián.
타오즈 요우 따 요우 티엔

복숭아가 크고 달아요.

地铁 又 快 又 舒服。
Dìtiě yòu kuài yòu shūfu.
띠 티에 요우 콰이 요우 슈푸

지하철은 빠르고 쾌적해요.

✔ 단어 체크

又…又… yòu…yòu… 요우~ 요우~ ~하기도 하고 ~하기도 하다 / 高 gāo 까오 (키가) 크다 / 帅 shuài 슈와이 (외모가) 잘생기다 / 桃子 táozi 타오즈 복숭아 / 大 dà 따 (크기가) 크다 / 甜 tián 티엔 달다, 달콤하다 / 快 kuài 콰이 빠르다 / 舒服 shūfu 슈푸 편안하다, 쾌적하다

他*长得怎么样？
Tā zhǎng de zěnmeyàng?
그는 생긴 게 어때요?

他又高又帅。
Tā yòu gāo yòu shuài.
그는 키가 크고 잘생겼어요.

☐ 矮 ǎi [아이] (키가) 작다

☐ 胖 pàng [팡] 뚱뚱하다, 포동포동하다

★ '어떻게 생겼어요?'라고 생김새나 외모를 물을 때는 '长得怎么样? zhǎng de zěnmeyàng?
[장 더 젼 머 양]'이라고 물을 수 있어요. '怎么样 zěnmeyàng [젼 머 양]'은 '어떠하다'라는 뜻으로
의문문에 많이 사용해요.

3분 문제로 확인해 보기

1 그는 작고 뚱뚱해요.   ▶ _____

2 복숭아가 크고 달아요.   ▶ _____

3 지하철은 빠르고 쾌적해요.   ▶ _____

오늘의 **10분** 끝!

40

이 음식은 좀 매워요.

有点儿로 부정적 의견 말하기

강의 영상 보기

2분 초간단 개념 잡기

'有点儿 yǒudiǎnr'은 '조금', '약간'이라는 뜻으로 마음에 들지 않거나 불만스러움을 표현할 때 부정적인 의미로 사용합니다.

这 道 菜	有点儿	辣
쪄 따오 차이	요우 디알	라
이 음식은	좀	매워요

2분 입에서 바로 나오는 문장 말하기 🔊 40-1

这 道 菜 有点儿 辣。
Zhè dào cài yǒudiǎnr là.
쪄 따오 차이 요우 디알 라

이 음식은 좀 매워요.

这个 有点儿 贵。
Zhège yǒudiǎnr guì.
쪄 거 요우 디알 꾸이

이건 좀 비싸요.

外边 有点儿 冷。
Wàibian yǒudiǎnr lěng.
와이 비엔 요우 디알 렁

밖은 좀 추워요.

✔ 단어 체크

道 dào 따오 가지 [음식의 가짓수를 세는 단위] / 有点儿 yǒudiǎnr 요우 디알 조금, 약간 / 辣 là 라 맵다 / 贵 guì 꾸이 비싸다 / 外边 wàibian 와이 비엔 밖, 외부 / 冷 lěng 렁 춥다

这道菜的*味道怎么样?
Zhè dào cài de wèidao zěnmeyàng?
이 음식의 맛은 어때요?

有点儿辣。
Yǒudiǎnr là.
좀 매워요.

□ 酸 suān [쑤안] 시다

□ 甜 tián [티엔] 달다, 달콤하다

□ 苦 kǔ [쿠] 쓰다

□ 咸 xián [시엔] 짜다

□ 淡 dàn [딴] 싱겁다

□ 油腻 yóunì [요우 니] 기름지다, 느끼하다

★ '맛이 어때요?'라고 물을 때 '味道怎么样? wèidao zěnmeyàng? [웨이 따오 젼 머 양]' 이라고 말해요. '味道 wèidao [웨이 따오]'는 '맛'이라는 뜻이에요.

3분 문제로 확인해 보기

1 이건 좀 비싸요.

▶ _____

2 밖은 좀 추워요.

▶ _____

3 이 음식은 좀 짜요.

▶ _____

오늘의 10분 끝!

41 내일부터 휴가예요.

从…开始로 시작점 말하기

강의 영상 보기

2분 초간단 개념 잡기

'从…开始… cóng…kāishǐ…'는 '~부터 ~을 시작하다'라는 뜻으로 어떤 일의 발생 시점을 나타냅니다. 이때 '从 cóng'은 시간이나 장소의 출발점을 나타내는 전치사입니다.

从	明天	开始	休假
총	밍 티엔	카이스	씨우 찌아
부터	내일	시작이에요	휴가

2분 입에서 바로 나오는 문장 말하기

🔊 41-1

我 从 明天 开始 休假。
Wǒ cóng míngtiān kāishǐ xiūjià.
워 총 밍 티엔 카이스 씨우 찌아

저는 내일부터 휴가 시작이에요.

我 从 九点 开始 上课。
Wǒ cóng jiǔ diǎn kāishǐ shàngkè.
워 총 지우 띠엔 카이스 샹 커

저는 9시부터 수업 시작이에요.

我 从 下星期 开始 减肥。
Wǒ cóng xià xīngqī kāishǐ jiǎnféi.
워 총 씨아 씽치 카이스 지엔 페이

저는 다음 주부터 다이어트 시작해요.

✓ 단어 체크

从 cóng 총 ~부터 / 休假 xiūjià 씨우 찌아 휴가, 휴가를 내다 / 上课 shàngkè 샹 커 수업하다 / 下星期 xià xīngqī 씨아 씽치 다음 주 / 减肥 jiǎnféi 지엔 페이 다이어트하다, 살을 빼다

你从什么时候开始休假?
Nǐ cóng shénme shíhou kāishǐ xiūjià?
당신은 언제부터 휴가 시작이에요?

我从明天开始休假。
Wǒ cóng míngtiān kāishǐ xiūjià.
저는 내일부터 휴가 시작이에요.

- 放假 fàngjià [팡 지아] 방학하다, 쉬다
- 工作 gōngzuò [꿍 쭈오] 일하다, 근무하다

3분 문제로 확인해 보기

1 저는 내일부터 휴가 시작이에요. ▶ _____

2 저는 9시부터 수업 시작이에요. ▶ _____

3 저는 오늘부터 다이어트 시작이 에요. ▶ _____

오늘의 10분 끝!

42 가족과 여행을 가요.

A跟B로 '~와(과)' 말하기

강의 영상 보기

2분 초간단 개념 잡기

'跟 gēn'은 '~와(과)'라는 뜻으로 'A跟 B+동작/행동'의 형식을 사용하여 어떤 대상과 함께 어떤 동작이나 행동을 하는 것을 나타냅니다.

我	跟	家人	去 旅游
워	껀	찌아 런	취 뤼 요우
저는	과	가족	여행을 가요

2분 입에서 바로 나오는 문장 말하기

我 跟 家人 去 旅游。
Wǒ gēn jiārén qù lǚyóu.
워 껀 찌아 런 취 뤼 요우

저는 가족과 여행을 가요.

我 跟 同事 喝酒。
Wǒ gēn tóngshì hē jiǔ.
워 껀 통스 허 지우

저는 동료와 술을 마셔요.

我 跟 朋友 商量。
Wǒ gēn péngyou shāngliang.
워 껀 펑 요우 샹 량

저는 친구와 상의해요.

✔ 단어 체크

跟 gēn 껀 ~와(과) / 家人 jiārén 찌아 런 가족 / 旅游 lǚyóu 뤼 요우 여행하다, 관광하다 / 同事 tóngshì
통스 회사 동료 / 喝酒 hē jiǔ 허 지우 술을 마시다 / 商量 shāngliang 샹 량 상의하다

你跟谁*一起去旅游?
Nǐ gēn shéi yìqǐ qù lǚyóu?
당신은 누구와 함께 여행을 가요?

我跟家人一起去旅游。
Wǒ gēn jiārén yìqǐ qù lǚyóu.
저는 가족과 함께 여행을 가요.

★ '跟 + 대상' 뒤에 '같이', '함께'라는 뜻의
'一起 yìqǐ [이치]'를 붙여 말하기도 해요.

☐ 父母 fùmǔ [푸 무] 부모님
☐ 爱人 àiren [아이 런] 아내 혹은 남편

3분 문제로 확인해 보기

1 저는 가족과 여행을 가요. ▶ _____

2 저는 친구와 술을 마셔요. ▶ _____

3 저는 부모님과 상의해요. ▶ _____

오늘의 **10분** 끝!

43

자주 지각해요.

经常으로 일상적 습관 말하기

강의 영상 보기

 2분 초간단 개념 잡기

'늘', '자주', '항상'이라는 뜻을 가진 '经常 jīngcháng'은 어떠한 동작이나 행위가 일상적
으로 자주 일어날 때 사용하는 표현입니다.

他	经常	迟到
타	찡챵	츠 따오
그는	자주	지각해요

2분 입에서 바로 나오는 문장 말하기 🔊 43-1

他 经常 迟到。
Tā jīngcháng chídào.
타 　찡챵 　츠 따오

그는 자주 지각해요.

她 经常 吃 方便面。
Tā jīngcháng chī fāngbiànmiàn.
타 　찡챵 　츠 　 꽝 비엔 미엔

그녀는 자주 라면을 먹어요.

我们 经常 联系。
Wǒmen jīngcháng liánxì.
위 먼 　 찡챵 　 리엔 씨

우리는 자주 연락해요.

✔ **단어 체크**

经常 jīngcháng 찡챵 늘, 자주, 항상 / 迟到 chídào 츠 따오 늦다, 지각하다 / 方便面 fāngbiànmiàn
꽝 비엔 미엔 인스턴트 라면 / 联系 liánxì 리엔 씨 연락하다

他*又迟到了。
Tā yòu chídào le.
그는 또 지각했어요.

他经常迟到。
Tā jīngcháng chídào.
그는 늘 늦어요.

□ 睡懒觉 shuì lǎn jiào [슈이 란 찌아오] 늦잠을 자다

□ 开玩笑 kāi wánxiào [카이 완 씨아오] 농담을 하다, 놀리다

★ '又 yòu [요우]'는 '또', '다시'라는 뜻으로 동작이나 상황이 반복하여 일어났을 때 쓸 수 있으며, 문장 끝에 과거 완료를 나타내는 '了 le [러]'와 함께 써요.

(3분) 문제로 확인해 보기

1 그는 자주 라면을 먹어요.　　▶ _____

2 우리는 자주 연락해요.　　▶ _____

3 그녀는 자주 농담을 해요.　　▶ _____

오늘의 10분 끝!

44

가끔 배달시켜요.

有时候로 '가끔', '때로는' 말하기

강의 영상 보기

2분 초간단 개념 잡기

'有时候 yǒushíhou'는 '가끔', '때로는'이라는 의미의 표현입니다.

我	有时候	叫 外卖
워	요우 스 호우	찌아오 와이 마이
저는	가끔	배달시켜요

2분 입에서 바로 나오는 문장 말하기

 44-1

我 有时候 叫 外卖。
Wǒ yǒushíhou jiào wàimài.
워　요우 스 호우　찌아오 와이 마이

저는 가끔 배달을 시켜요.

他 有时候 睡 午觉。
Tā yǒushíhou shuì wǔjiào.
타　요우 스 호우　슈이　우 찌아오

그는 가끔 낮잠을 자요.

她 有时候 上网 购物。
Tā yǒushíhou shàngwǎng gòuwù.
타　요우 스 호우　샹 왕　꼬우 우

그녀는 가끔 온라인 쇼핑을 해요.

✔ 단어 체크

有时候 yǒushíhou 요우 스 호우 가끔, 때로는 / 叫外卖 jiào wàimài 찌아오 와이 마이 배달시키다 / 睡午觉
shuì wǔjiào 슈이 우 찌아오 낮잠을 자다 / 上网购物 shàngwǎng gòuwù 샹 왕 꼬우 우 온라인으로 쇼핑하다

你经常叫外卖吗?
Nǐ jīngcháng jiào wàimài ma?
당신은 자주 배달 시키나요?

不，我有时候叫外卖。
Bù, Wǒ yǒushíhou jiào wàimài.
아니요, 저는 가끔 배달 시켜요.

☐ 下馆子 xià guǎnzi [씨아 관 즈] 외식하다

☐ 加班 jiābān [찌아 빤] 추가 근무하다, 야근하다

3분 문제로 확인해 보기

1 그는 가끔 낮잠을 자요.   ▸ _____

2 저는 가끔 온라인 쇼핑을 해요.   ▸ _____

3 우리는 가끔 외식을 해요.   ▸ _____

오늘의 10분 끝!

45 영화 볼 때 휴대폰을 끄세요.

···的时候로 특정 시점 말하기

강의 영상 보기

2분 초간단 개념 잡기

'···的时候 ···de shíhou'는 '~할 때'라는 뜻으로 어떤 시점을 가리킵니다. 우리말과 동일하게 동사(구)나 형용사 뒤에 붙여서 사용합니다.

看 电影	的时候	请 关机
칸 띠엔잉	더 스 호우	칭 꽌지
영화를 볼	때	휴대폰을 끄세요

2분 입에서 바로 나오는 문장 말하기   🔊 45-1

看 电影 的时候 请 关机。
Kàn diànyǐng de shíhou qǐng guānjī.
칸 띠엔잉 더 스 호우 칭 꽌지

영화를 볼 때 휴대폰을 꺼 주세요.

休假 的时候 我 去 旅行。
Xiūjià de shíhou wǒ qù lǚxíng.
씨우 찌아 더 스 호우 워 취 뤼싱

휴가 때 저는 여행을 가요.

周末 的时候 我 做 家务。
Zhōumò de shíhou wǒ zuò jiāwù.
쪼우 모어 더 스 호우 워 쭈오 찌아 우

주말에 저는 집안일을 해요.

✓ 단어 체크

···的时候 ···de shíhou ~더스호우 ~할 때 / 关机 guānjī 꽌지 (휴대폰·컴퓨터 등의) 전원을 끄다 /

周末 zhōumò 쪼우모어 주말 / 家务 jiāwù 찌아우 집안일

休假的时候,
Xiūjià de shíhou,

你*打算做什么?
nǐ dǎsuàn zuò shénme?

휴가 때 당신은 뭐 할 거예요?

休假的时候,
Xiūjià de shíhou,

我打算去旅行。
wǒ dǎsuàn qù lǚxíng.

휴가 때 저는 여행을 갈 거예요.

★ 계획이나 예정을 말할 때 쓰는
'打算 dǎsuàn [다 쑤안]'은
PARTI/12에서 배운 표현이에요.

- ☐ 去露营 qù lùyíng [취 루 잉] 캠핑을 가다
- ☐ 开车兜风 kāichē dōufēng [카이 쳐 또우 펑] 드라이브하다

3분 문제로 확인해 보기

1 영화를 볼 때 휴대폰을 끄세요. ▶ _____

2 주말에 우리는 집안일을 해요. ▶ _____

3 휴가 때 우리는 캠핑을 가요. ▶ _____

오늘의 10분 끝!

46

오늘은 어제보다 시원해요.

A 比 B로 비교 말하기

강의 영상 보기

 초간단 개념 잡기

두 사람 혹은 두 사물을 비교하여 성질이나 정도의 차이를 나타낼 때 '~에 비해', '~보다'
의 '比 bǐ'를 사용하여 비교문을 만듭니다. 'A 比 B + 형용사'로 쓰여 'A는 B보다 ~하다'라
고 표현합니다.

今天	比	昨天	凉快
찐 티엔	비	주오 티엔	량 콰이
오늘은	보다	어제	시원해요

 입에서 바로 나오는 문장 말하기 46-1

今天 比 昨天 凉快。
Jīntiān bǐ zuótiān liángkuai.
찐 티엔　비　주오 티엔　량 콰이

오늘은 어제보다 시원해요.

这个 比 那个 便宜。
Zhège bǐ nàge piányi.
쪄거　비　나거　피엔 이

이것이 저것보다 저렴해요.

我 比 她 大 两 岁。
Wǒ bǐ tā dà liǎng suì.
워　비　타　따　량　쑤이

저는 그녀보다 두 살 많아요.

✔ **단어 체크**

比 bǐ 비 ~에 비해, ~보다 / 昨天 zuótiān 주오 티엔 어제 / 凉快 liángkuai 량 콰이 시원하다 / 便宜 piányi
피엔 이 저렴하다, 싸다 / 大 dà 따 (나이가) 많다

今天*天气怎么样?
Jīntiān tiānqì zěnmeyàng?
오늘 날씨는 어때요?

今天比昨天凉快。
Jīntiān bǐ zuótiān liángkuai.
오늘은 어제보다 시원해요.

☐ 冷 lěng [렁] 춥다, 차갑다

☐ 热 rè [르어] 덥다, 뜨겁다

☐ 暖和 nuǎnhuo [누완 후어] 따뜻하다

★ '날씨가 어때요?'라고 물을 때 '天气怎么样? tiānqì zěnmeyàng? [티엔 치 젼 머 양]'
이라고 물을 수 있어요. '天气 tiānqì [티엔 치]'는 '날씨'라는 뜻이에요.

3분 문제로 확인해 보기

1 오늘은 어제보다 더워요.　　▶ _____

2 이것이 저것보다 저렴해요.　　▶ _____

3 그는 당신보다 두 살 적어요.　　▶ _____

　　✅ 小 xiǎo 시아오 (나이가) 적다, (크기가) 작다

오늘의 10분 끝!

47 시간이 있다면 운동하러 갈래요.

如果로 가정 말하기

강의 영상 보기

2분 초간단 개념 잡기

'如果 rúguǒ'는 가정문을 만드는 접속사로 '만약 ~이라면'이라는 뜻입니다. 뒤에 가정의 결과를 나타내는 내용이 이어지며, 부사 '就 jiù'를 함께 쓰기도 합니다.

如果	有 时间	我	就	去 运动
루 구어	요우 스 지엔	워	찌우	취 윈뚱
만약	시간이 있다면	저는	(그럼)	운동하러 갈래요

2분 입에서 바로 나오는 문장 말하기

 47-1

如果 有 时间, 我 就 去 运动。
Rúguǒ yǒu shíjiān, wǒ jiù qù yùndòng.
루 구어 요우 스 지엔 워 찌우 취 윈뚱

만약 시간이 있다면
운동하러 갈래요.

如果 下 雨, 我 就 不 去。
Rúguǒ xià yǔ, wǒ jiù bú qù.
루 구어 씨아 위 워 찌우 부 취

만약 비가 오면
저는 안 갈래요.

如果 喜欢, 你 就 买 吧。
Rúguǒ xǐhuan, nǐ jiù mǎi ba.
루 구어 시환 니 찌우 마이 바

만약 마음에 들면
(당신) 사세요.

✔ **단어 체크**

如果 rúguǒ **루 구어** 만약 ~이라면 / 时间 shíjiān **스 지엔** 시간 / 下雨 xià yǔ **씨아 위** 비가 내리다 / 吧 ba **바**
~하자, ~하세요, ~합시다 [문장 끝에 쓰여 권유·제안을 나타냄]

如果有时间, 你想做什么?
Rúguǒ yǒu shíjiān, nǐ xiǎng zuò shénme?
시간이 있다면 당신은 뭘 하고 싶나요?

*让我*想想。
Ràng wǒ xiǎng xiǎng.
생각 좀 해 볼게요.

- ☐ 很多钱 hěn duō qián [헌 뚜오 치엔] 많은 돈
- ☐ 假期 jiàqī [찌아 치] 휴가 기간
- ☐ 来生 láishēng [라이 셩] 다음 생

★ '让 ràng [랑]'은 '~하게 하다'라는 뜻으로 뒤에 오는 대상(목적어)에게 무언가를 하도록 시킬 때 쓰는 표현이에요. PART2/20에서 배운 '비키다'의 '让'과 다른 쓰임이에요.

★ '想 xiǎng [시앙]'은 '생각하다'라는 뜻의 동사로 대화처럼 동사를 두 번 반복하면 '좀 ~해 보다'의 의미가 더해져요. PART4/31에서 배운 '~하고 싶다'의 '想'과 다른 쓰임이에요.

3분 문제로 확인해 보기

1 만약 마음에 들면 사세요. ▶

2 만약 내일 비가 오면 저는 가지 않을래요. ▶

3 만약 시간이 있다면 저는 여행을 갈래요. ▶

오늘의 10분 끝!

47 시간이 있다면 운동하러 갈래요. **141**

48 그는 웃긴 것 같아요.

觉得로 생각, 느낌 말하기

강의 영상 보기

초간단 개념 잡기

'~라고 여기다', '생각하다'라는 뜻을 가진 '觉得 juéde'는 주관적인 생각이나 느낌을 나타낼 때 사용합니다.

我	觉得	他 很 幽默
워	쥐에 더	타 헌 요우 모어
저는	생각해요	그가 웃기다고

입에서 바로 나오는 문장 말하기

 48-1

我 觉得 他 很 幽默。
Wǒ juéde tā hěn yōumò.
워 쥐에더 타 헌 요우 모어

저는 그가 웃기다고 생각해요.

我 觉得 她 很 有 礼貌。
Wǒ juéde tā hěn yǒu lǐmào.
워 쥐에더 타 헌 요우 리마오

저는 그녀가 예의 바르다고 생각해요.

我 觉得 汉语 不 难。
Wǒ juéde Hànyǔ bù nán.
워 쥐에더 한위 뿌 난

저는 중국어가 어렵지 않은 것 같아요.

✔ 단어 체크

觉得 juéde 쥐에에더 ~라고 여기다, 생각하다 / 幽默 yōumò 요우 모어 유머러스하다, 재미있다 / 有礼貌 yǒu lǐmào 요우 리마오 예의 바르다 / 难 nán 난 어렵다

你觉得他怎么样?
Nǐ juéde tā zěnmeyàng?
당신은 그를 어떻게 생각해요?

我觉得他很幽默。
Wǒ juéde tā hěn yōumò.
저는 그가 유머러스한 것 같아요.

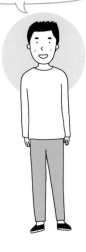

- 聪明 cōngming [총 밍] 똑똑하다, 영리하다
- 善良 shànliáng [샨 량] 선량하다, 착하다
- 可爱 kě'ài [커 아이] 귀엽다, 사랑스럽다
- 漂亮 piàoliang [피아오 량] 예쁘다, 아름답다

3분 문제로 확인해 보기

1 저는 그가 착한 것 같아요. ▶ _____

2 저는 그녀가 예쁘다고 생각해요. ▶ _____

3 저는 중국어가 어려운 것 같아요. ▶ _____

오늘의 10분 끝!

49

제가 말할게요.

来＋동사로 적극적 의사 말하기

강의 영상 보기

2분 초간단 개념 잡기

'来 lái'는 '오다'라는 뜻 외에도 쓰임이 다양합니다. 동사 앞에 '来'를 붙이면 적극적으로 뒤에 오는 행동을 하고자 함을 나타냅니다.

我	来	说	一下
워	라이	슈오	이 씨아
제가		말할게요	좀

2분 입에서 바로 나오는 문장 말하기

 49-1

我 来 说 一下。
Wǒ lái shuō yíxià.
워 라이 슈오 이 씨아

제가 말할게요.

我 来 搜索 一下。
Wǒ lái sōusuǒ yíxià.
워 라이 쏘우 수오 이 씨아

제가 검색해 볼게요.

你 来 介绍 一下。
Nǐ lái jièshào yíxià.
니 라이 찌에 샤오 이 씨아

당신이 소개해 보세요.

✓ 단어 체크

搜搜 sōusuǒ 쏘우 수오 검색하다 / 介绍 jièshào 찌에 샤오 소개하다

谁来说*一下?
Shéi lái shuō yíxià?
누가 말해 볼래요?

我来说一下。
Wǒ lái shuō yíxià.
제가 말할게요.

★ '좀 ~하다', '한번 ~하다'의
'一下 yíxià [이 씨아]'는
PART2/20에서 배운 표현
이에요.

☐ 念 niàn [니엔] (소리내어) 읽다, 낭독하다

☐ 问 wèn [원] 묻다

☐ 回答 huídá [후이 다] 대답하다

3분 문제로 확인해 보기

1 제가 검색해 볼게요. ▶ ＿＿＿＿＿＿＿＿＿＿＿＿＿＿＿

2 제가 소개해 볼게요. ▶ ＿＿＿＿＿＿＿＿＿＿＿＿＿＿＿

3 당신이 대답해 보세요. ▶ ＿＿＿＿＿＿＿＿＿＿＿＿＿＿＿

오늘의 10분 끝!

50 행운을 빌어요!

祝로 기원, 축하 말하기

강의 영상 보기

 초간단 개념 잡기

'바라다', '기원하다', '축하하다'의 '祝 zhù'는 좋은 일이나 덕담을 건넬 때 사용합니다.
'祝＋기원/축하의 말'의 형식으로 축하와 격려의 마음을 표현할 수 있습니다.

祝	你	好运
쭈	니	하오 윈
빌어요	당신에게	행운을

 입에서 바로 나오는 문장 말하기

祝 你 好运!
Zhù nǐ hǎoyùn!
쭈 니 하오 윈

행운을 빌어요!

祝 你 生日 快乐!
Zhù nǐ shēngrì kuàilè!
쭈 니 셩르 콰일 러

생일 축하해요!

祝 你 万事 如意!
Zhù nǐ wànshì rúyì!
쭈 니 완스 루 이

모든 일이 뜻대로 이뤄지길 바라요!

✔ 단어 체크

祝 zhù 쭈 축하하다, 기원하다 / 好运 hǎoyùn 하오 윈 행운 / 生日 shēngrì 셩르 생일 / 快乐 kuàilè
콰이러 즐겁다, 행복하다 / 万事 wànshì 완스 만사, 모든 일 / 如意 rúyì 루 이 뜻대로 되다, 마음에 들다

3분 회화로 응용하기 🔊 50-2

祝你好运!
Zhù nǐ hǎoyùn!
행운을 빌어요!

谢谢! 谢谢!
Xièxie! Xièxie!
고마워요! 감사해요!

- 身体健康 shēntǐ jiànkāng [션 티 찌엔 캉] 몸이 건강하다
- 成功 chénggōng [청 꿍] 성공하다
- 一路平安 yí lù píng'ān [이 루 핑 안] (가는) 길이 평안하다

3분 문제로 확인해 보기

1 행운을 빌어요!　　▶ _____

2 건강하길 바라요!　　▶ _____

3 모든 일이 뜻대로 이루어지길　▶ _____
바랍니다!

오늘의 **10분** 끝!

31-50 / Review

>> 파트1~4의 학습 표현을 활용한 다양한 소개글을 소리 내어 읽어 보세요.

1/   🎧 50-R1

你们好!
Nǐmen hǎo!
안녕하세요!

....

我是中国人。我住在美国。
Wǒ shì Zhōngguó rén. Wǒ zhù zài Měiguó.
저는 중국인이에요. 저는 미국에 살아요.

....

我妻子是韩国人。我喜欢吃韩国菜。
Wǒ qīzi shì Hánguó rén. Wǒ xǐhuan chī Hánguó cài.
제 아내는 한국인이에요. 저는 한국 음식 먹는 것을 좋아해요.

....

我觉得韩国菜有点儿辣，但是很好吃。
Wǒ juéde Hánguó cài yǒudiǎnr là, dànshì hěn hǎochī.
한국 음식은 조금 맵지만, 맛있다고 생각해요.

....

快要放假了。我打算跟家人一起去韩国济州岛旅行。
Kuàiyào fàngjià le. Wǒ dǎsuàn gēn jiārén yìqǐ qù Hánguó Jìzhōudǎo lǚxíng.
곧 휴가예요. 저는 가족과 함께 한국 제주도에 여행을 갈 계획이에요.

✔ 단어 체크

美国 Měiguó 메이구어 미국 / 妻子 qīzi 치즈 아내 / 但是 dànshì 딴스 하지만, 그러나

2.

我家里有一只小猫。

Wǒ jiā lǐ yǒu yì zhī xiǎomāo.

우리 집에는 고양이 한 마리가 있어요.

···

它叫"咪咪"，今年两岁。

Tā jiào "Mīmī", jīnnián liǎng suì.

미미라고 해요. 올해 두 살이에요.

···

我很喜欢和咪咪一起玩儿。

Wǒ hěn xǐhuan hé Mīmī yìqǐ wánr.

저는 미미와 함께 노는 것을 좋아해요.

···

它的眼睛又大又圆，很可爱。

Tā de yǎnjing yòu dà yòu yuán, hěn kě'ài.

미미는 눈이 크고 동그래서 무척 귀여워요.

···

所以我们家人都喜欢它。

Suǒyǐ wǒmen jiārén dōu xǐhuan tā.

그래서 우리 가족은 모두 미미를 좋아해요.

✓ 단어 체크

里 lǐ 리 안, 안쪽 / 只 zhī 즈 마리 [동물을 세는 단위] / 小猫 xiǎomāo 시아오 마오 고양이 / 眼睛 yǎnjing
엔찡 눈 / 圆 yuán 위엔 둥글다, 동그랗다 / 所以 suǒyǐ 쑤오 이 그래서 / 都 dōu 또우 모두, 다

3/ 🔊50-R3

他是我的男朋友，叫小健。
Tā shì wǒ de nán péngyou, jiào Xiǎojiàn.
그는 제 남자친구예요. 샤오지엔이라고 해요.

他又帅又善良。
Tā yòu shuài yòu shànliáng.
잘생겼고, 또 착해요.

他特别喜欢我。我也特别喜欢他。
Tā tèbié xǐhuan wǒ. Wǒ yě tèbié xǐhuan tā.
그는 저를 굉장히 좋아해요. 저도 그를 무지 좋아해요.

我们俩都喜欢拍照。
Wǒmen liǎ dōu xǐhuan pāizhào.
우리는 둘 다 사진 찍는 걸 좋아해요.

周末的时候，我们俩经常去郊区拍照。
Zhōumò de shíhou, wǒmen liǎ jīngcháng qù jiāoqū pāizhào.
주말에 우리 둘은 자주 교외로 나가서 사진을 찍어요.

我喜欢跟他在一起。我们打算明年结婚。
Wǒ xǐhuan gēn tā zài yìqǐ. Wǒmen dǎsuàn míngnián jiéhūn.
저는 남자친구랑 같이 있는 게 좋아요. 우리는 내년에 결혼할 계획이에요.

✔ **단어 체크**

特别 tèbié 트어비에 무척, 특히, 특별히 / 郊区 jiāoqū 찌아오취 교외 / 俩 liǎ 리아 두 사람

4.

🔊 50-R4

我叫红梅，是中国人。
Wǒ jiào Hóngméi, shì Zhōngguó rén.
저는 홍메이예요. 중국인이에요.

....

我在韩国上大学。
Wǒ zài Hánguó shàng dàxué.
한국에서 대학을 다니고 있어요.

....

我毕业以后，打算在韩国找工作。
Wǒ bìyè yǐhòu, dǎsuàn zài Hánguó zhǎo gōngzuò.
저는 졸업 후에 한국에서 일을 찾을 계획이에요.

....

可是我刚来不久，我的韩语不好。
Kěshì wǒ gāng lái bù jiǔ, wǒ de Hányǔ bù hǎo.
그런데 저는 (한국에 온 지) 오래지 않아 한국어를 잘 못해요.

....

所以想跟韩国朋友学韩语。
Suǒyǐ xiǎng gēn Hánguó péngyou xué Hányǔ.
그래서 한국 친구와 한국어를 공부하고 싶어요.

....

如果有人愿意和我学韩语，就联系我吧。
Rúguǒ yǒu rén yuànyì hé wǒ xué Hányǔ, jiù liánxì wǒ ba.
저와 한국어 공부를 하길 원하는 분이 있다면, 저에게 연락 주세요.

....

我的手机号是010-1234-5678。
Wǒ de shǒujī hào shì líng yāo líng - yāo èr sān sì - wǔ liù qī bā.
제 휴대폰 번호는 010-1234-5678이에요.

✔ 단어 체크

上大学 shàng dàxué 샹 따쉬에 대학에 다니다 / 以后 yǐhòu 이호우 이후 / 可是 kěshì 커스 그런데, 하지만 /
刚 gāng 깡 방금, 막 / 久 jiǔ 지우 오래다, (시간이) 길다 / 愿意 yuànyì 위엔이 원하다

5

大家好！我来自我介绍一下。

Dàjiā hǎo! Wǒ lái zìwǒ jièshào yíxià.

안녕하세요! 제 소개를 할게요.

🔊 50-R5

我叫金秀浩。我今年三十岁。

Wǒ jiào Jīn Xiùhào. Wǒ jīnnián sān shí suì.

저는 김수호라고 해요. 저는 올해 서른 살이에요.

我住在首尔。我是公司职员。我在一家贸易公司工作。

Wǒ zhù zài Shǒu'ěr. Wǒ shì gōngsī zhíyuán. Wǒ zài yì jiā màoyì gōngsī gōngzuò.

저는 서울에 살아요. 직장인이고, 무역회사에서 일하고 있어요.

我从2016年开始工作，已经工作了四年多了。

Wǒ cóng èr líng yī liù nián kāishǐ gōngzuò, yǐjīng gōngzuò le sì nián duō le.

2016년부터 일했고, 일한 지 벌써 4년 남짓 되었어요.

我平时工作很忙、很累。

Wǒ píngshí gōngzuò hěn máng、hěn lèi.

저는 평소에 일이 너무 바쁘고 무척 피곤해요.

所以周末的时候，我经常在家休息。

Suǒyǐ zhōumò de shíhou, wǒ jīngcháng zài jiā xiūxi.

그래서 주말에 저는 종종 집에서 쉬어요.

如果有时间，我就想去旅行。

Rúguǒ yǒu shíjiān, wǒ jiù xiǎng qù lǚxíng.

만약 시간이 있다면 여행을 가고 싶어요.

✔ 단어 체크

自我 zìwǒ 쯔 워 자기, 자신 / 贸易 màoyì 마오 이 무역 / 多 duō 뚜오 ~여, 남짓 / 平时 píngshí 핑스 평소 /

忙 máng 망 바쁘다

≫ 파트1~4의 학습 표현을 활용하여 자신에 관한 이야기를 자유롭게 말해 보세요.

빼놓을 수 없는 화제 — 중국 요리

넓은 땅을 자랑하는 중국은 다양한 지방색의 음식 문화를 가지고 있습니다. 지역에 따라 음식의 종류와 재료 역시 다양하여 음식의 맛도 단맛, 짠맛, 신맛, 쓴맛, 매운맛이 어우러진 풍부한 맛을 자랑합니다. 일반적으로 동서남북을 따라 산둥 山东 Shāndōng 요리, 장쑤 江苏 Jiāngsū 요리, 광둥 广东 Guǎngdōng 요리, 쓰촨 四川 Sìchuān 요리로 나뉘는데, 각 지역의 기후와 특색이 반영되어 있습니다. 우리가 잘 아는 베이징 오리구이 요리는 고열량의 단백한 산둥요리입니다. 상하이의 게 요리는 풍부한 해산물을 주재료로 쓰는 대표적인 장쑤요리이고, 얼얼한 산초와 매운 고추가 들어가는 마파두부는 쓰촨요리입니다. 마지막으로 재료의 다양성을 추구하면서 자연스러운 맛을 살린 딤섬 点心 diǎnxin은 광둥요리를 대표하죠.

중국 음식은 다양하고 풍부한 맛을 내기 위해 여러 재료와 조리법을 이용합니다. 요리의 이름을 보면 재료의 종류, 형태, 조리 방법 등의 정보를 짐작할 수 있습니다.

✲ 재료의 종류

牛肉 niú ròu	猪肉 zhū ròu	鸡肉 jī ròu	羊肉 yáng ròu	鸭肉 yā ròu	鱼 yú
소고기	돼지고기	닭고기	양고기	오리고기	생선

✲ 재료의 형태

丝 sī	条 tiáo	片 piàn	丁 dīng	块 kuài
채 썰기	길게 썰기	얇게 썰기	깍둑 썰기	덩어리로 썰기

✲ 조리법

炸 zhá	烤 kǎo	煎 jiān	炒 chǎo	煮 zhǔ	拌 bàn
튀기다	굽다	부치다	볶다	삶다	무치다

한국인 입맛에도 딱인 중국 요리

麻婆豆腐 mápó dòufu 마포 또우푸

얼굴이 얽은(麻) 할머니(婆)가 만든 두부(豆腐)라는 뜻으로 두반장,
고추기름, 얼얼한 맛을 내는 산초를 넣어 매콤한 맛을 내는 요리

烤鸭 kǎo yā 카오 야

화덕에서 구워낸 오리 고기를 얇게 썰어서 오이,
파, 소스와 함께 얇은 밀전병에 싸서 먹는 요리

鱼香肉丝 yúxiāng ròusī 위 씨앙 로우 쓰

돼지고기와 당근, 피망, 죽순 등을 가늘게 채 썰어서
달콤한 양념에 볶은 요리

锅包肉 guōbāoròu 꿔빠오 로우

돼지고기에 감자 전분을 묻혀 바삭하게 튀겨낸 후
식초를 넣은 새콤달콤한 소스를 묻힌 요리

宫保鸡丁 gōngbǎo jīdīng 꿍 빠오 지 딩

깍둑 썰기한 닭고기와 땅콩을 넣어 매콤한 소스와 함께 볶은 요리

生煎包 shēngjiānbāo 셩 찌엔 빠오

상하이의 길거리 음식 중 하나로 윗 부분은 찌고
바닥은 바삭하게 기름에 지진 만두

西红柿炒鸡蛋 xīhóngshì chǎo jīdàn 씨홍스 차오 지단

대표적인 가정식 요리 중 하나로 토마토와 계란을 볶은 요리

地三鲜 dìsānxiān 디 싼 씨엔

땅에서 나는 세 가지 신선한 재료라는 뜻으로 감
자, 가지, 피망을 달콤한 간장 소스에 볶은 요리

해 봐! 하루 10분 왕초보 중국어-선생님 추천사

☆ 教材以其全新的教学理念、有趣的课文内容和全面的技能(听、说、读、写)训练，激活学习者对语言学习的兴趣，奠定更加坚实的学习基础，为入门级汉语学习者提供最大限度的满足。

『해 봐! 하루 10분 왕초보 중국어』는 최신 중국어 교수법을 활용한 참신한 구성과 재미있고 다양한 예문들을 수록하여 중국어 훈련을 최적화할 수 있도록 설계된 교재입니다. 이러한 교재 구성은 중국어를 처음 접하는 학습자에게 동기부여를 제공할 뿐 아니라 중국어 기초를 탄탄히 다지고자 하는 학습자의 니즈를 최대치로 충족시킬 것입니다.

– 베이징어언대학 교수 진하이위에 –

☆ 언어는 서로 다른 문화 간 상호 소통의 매개체입니다. 가깝고도 먼 나라인 중국을 이해하기 위해 중국어를 배우는 것은 꼭 필요한 일입니다. 『해 봐! 하루 10분 왕초보 중국어』는 중국어를 배우고자 시작하는 분들에게 나침반 역할을 할 것입니다. 지금 첫 장을 펼쳐 보세요. 새로운 중국어의 세계가 여러분을 기다릴 것입니다.

– 용화여자고등학교 중국어 교사 이영순 –

☆ 이 교재의 모든 문장들은 꼭 알아야 하는 기본 문법과 실용성 있는 단어들을 결합시켜 반복 연습할 수 있도록 되어 있습니다. 또한 어려울 수 있는 문법 설명들이 시각적으로 대체되어 이해하기 용이합니다. 특히 회화의 구성은 여러 개의 단답식 대화를 먼저 익히고, 그것을 토대로 긴 토론식 대화로 이어주는 방식입니다. 이러한 구성은 학습자가 처음에는 가볍게 학습을 시작하지만 마지막에는 보다 큰 성취감과 자신감을 갖게 할 것입니다. 훌륭한 교재 한 권을 소유한다는 것은 좋은 선생님 한 분을 곁에 두고 있는 것과 같습니다. 훌륭한 선생님을 만나셨으니 믿고 중국어에 도전해 보세요!

– 중국어 강사 차이린 –

해 봐! 하루 10분 왕초보 중국어-학습자 추천사

⭐ 자주 쓰는 문장을 배울 수 있어서 기억하기도 쉬웠고 개념에서부터 응용까지 적용할 수 있어서 매일 10분만으로도 그날의 학습량을 완벽히 끝낼 수 있었어요. 중국어를 처음 접하는 제게 생소했던 발음 부분에서도 한어병음과 한국어 발음이 적혀 있어 읽고 말하는 데 많은 도움을 주었고, 특히 각 파트의 복습 문제까지 풀면 중국어 실력이 늘고 있다는 자신감이 생겨서 더욱 즐겁게 공부할 수 있었습니다~^^

— 대학생 이재인 —

⭐ 주요 패턴에 대해 쉽게 설명하고 있어 보기에 매우 편합니다. 코너마다 학습 시간이 나뉘어 있어서 체계적인 학습이 가능하고, 패턴마다 나오는 예문은 아주 일상적인 표현이어서 기억하기 좋았습니다. 짧은 문장과 간단한 회화 구성은 평소에도 쉽게 학습하고 활용할 수 있을 것 같습니다.

— 직장인 김형완 —

⭐ 일상생활에서 자주 쓰는 문장을 기본 구성부터 간단한 작문까지 짧은 시간에 연습할 수 있어서 효율적입니다. 한자 위에 성조가 표기되어 있어 병음 전체를 보지 않고도 성조에 맞게 말하기 연습을 할 수 있고, 말하기나 작문을 할 때 이 책의 단어와 문장을 활용할 수 있을 것 같습니다. 저 같은 직장인들도 점심시간에 10분만 투자한다면, 중국어 초보자들도 쉽게 실력을 향상시킬 수 있을 거라 생각합니다.

— 직장인 안제원 —

⭐ 이 책의 가장 큰 장점은 적은 시간을 들여 가볍게 중국어를 시작할 수 있다는 것과 정말 자주 쓰는 일상 표현들로만 채워져서 실용성이 매우 높다는 점입니다. 저처럼 스케줄 근무로 바쁜 직장인도 하루에 잠깐 틈을 내어 공부할 수 있는 구성이고, 길고 딱딱한 문법 설명 대신 핵심 포인트만 쉽고 짧게 알려주는 점도 무척 좋았습니다. 중국어를 막 시작하려는 직장인과 학생들이 부담 없이 중국어 공부를 시작할 수 있을 것 같습니다. 특히 시작을 망설이고 있거나 어려워하는 왕초보자에게 강력 추천합니다!

— 면세점 세일즈 담당 우상욱 —

✦ memo ✦

초판 발행	2020년 1월 20일
1판 2쇄	2020년 4월 20일
저자	윤유나
책임 편집	가석빈, 최미진, 高霞, 박소영, 하다능
펴낸이	엄태상
디자인	진지화
조판	이서영
콘텐츠 제작	김선웅, 전진우
마케팅	이승욱, 전한나, 왕성석, 노원준
온라인 마케팅	김마선, 김제이, 조인선
경영기획	마정인, 조성근, 최성훈, 김다미, 전태준, 오희연
물류	유종선, 정종진, 윤덕현, 양희은, 신승진
펴낸곳	시사중국어사(시사북스)
주소	서울시 종로구 자하문로 300 시사빌딩
주문 및 교재 문의	1588-1582
팩스	0502-989-9592
홈페이지	http://www.sisabooks.com
이메일	book_chinese@sisadream.com
등록일자	1988년 2월 13일
등록번호	제1 – 657호

ISBN 979-11-5720-162-4 (13720)

해 봐!

하루 10분

왕초보 중국어

쓰기 노트

시사중국어사

해 봐!

하루 10분

왕초보

중국어

쓰기 노트

★ 숫자

1	一 yī 1, 하나	一		
2	二 èr 2, 둘	二		
3	三 sān 3, 셋	三		
4	四 sì 4, 넷	四		
5	五 wǔ 5, 다섯	五		
6	六 liù 6, 여섯	六		
7	七 qī 7, 일곱	七		
8	八 bā 8, 여덟	八		
9	九 jiǔ 9, 아홉	九		
10	十 shí 10, 열	十		

★ 요일

1 **星期一** xīngqīyī 월요일	星期一		
2 **星期二** xīngqī'èr 화요일	星期二		
3 **星期三** xīngqīsān 수요일	星期三		
4 **星期四** xīngqīsì 목요일	星期四		
5 **星期五** xīngqīwǔ 금요일	星期五		
6 **星期六** xīngqīliù 토요일	星期六		
7 **星期日** xīngqīrì 일요일	星期日		
星期天 xīngqītiān 일요일	星期天		

⭐ 기본 회화 표현

1 谢谢! 고마워요! / 감사합니다!
Xièxie!

谢谢!

_____

_____

2 不客气! 천만에요!
Bú kèqi!

不客气!

_____

_____

3 对不起! 미안해요! / 죄송합니다!
Duì bu qǐ!

对不起!

_____

_____

4 没关系! 괜찮아요! / 상관 없습니다!
Méi guānxi!

没关系!

_____

_____

5 请问。 말씀 좀 여쭙겠습니다.
Qǐng wèn.

请问。

---

6 加油! 화이팅! / 힘 내요!
Jiāyóu!

加油!

---

7 辛苦了! 수고했어요!
Xīnkǔ le!

辛苦了!

---

8 再见! 안녕! / 잘 가! / 안녕히 가세요!
Zài jiàn!

再见!

01 안녕하세요!

1 你好! 안녕! / 안녕하세요!
Nǐ hǎo!

你好!

_____

_____

2 您好! 안녕하세요!(상대방을 높여서)
Nín hǎo!

您好!

_____

_____

3 早上好! 좋은 아침이에요!
Zǎoshang hǎo!

早上好!

_____

_____

1 我叫维娜。　저는 유나라고 해요.

Wǒ jiào Wéinà.

我叫维娜。

---

2 他叫金海俊。　그는 김해준이라고 해요.

Tā jiào Jīn Hǎijùn.

他叫金海俊。

---

3 她叫玛丽。　그녀는 마리하고 해요.

Tā jiào Mǎlì.

她叫玛丽。

---

1 我是韩国人。   저는 한국인이에요.
Wǒ shì Hánguó rén.

我是韩国人。

_____

_____

2 我们是外国人。   우리는 외국인이에요.
Wǒmen shì wàiguó rén.

我们是外国人。

_____

_____

3 她们不是学生。   그녀들은 학생이 아니에요.
Tāmen bú shì xuésheng.

她们不是学生。

_____

_____

1 我很开心! 저는 너무 신나요!

Wǒ hěn kāixīn!

我很开心!

---

2 我很幸福! 저는 너무 행복해요!

Wǒ hěn xìngfú!

我很幸福!

---

3 我很烦! 저는 너무 짜증나요!

Wǒ hěn fán!

我很烦!

---

1 我今年三十岁。 저는 올해 서른 살이에요.
Wǒ jīnnián sān shí suì.

我今年三十岁。

---

2 他今年十九岁。 그는 올해 열아홉 살이에요.
Tā jīnnián shí jiǔ suì.

他今年十九岁。

---

3 她今年二十六岁。 그녀는 올해 스물여섯 살이에요.
Tā jīnnián èr shí liù suì.

她今年二十六岁。

---

1 我住在首尔。 저는 서울에 살아요.
Wǒ zhù zài Shǒu'ěr.

我住在首尔。

_____

_____

2 我住在北京。 저는 베이징에 살아요.
Wǒ zhù zài Běijīng.

我住在北京。

_____

_____

3 我住在仁川。 저는 인천에 살아요.
Wǒ zhù zài Rénchuān.

我住在仁川。

_____

_____

1 我在酒店工作。 저는 호텔에서 일해요.
Wǒ zài jiǔdiàn gōngzuò.

我在酒店工作。

2 我在学校工作。 저는 학교에서 일해요.
Wǒ zài xuéxiào gōngzuò.

我在学校工作。

3 我在公司工作。 저는 회사에서 일해요.
Wǒ zài gōngsī gōngzuò.

我在公司工作。

08 중국 친구가 있어요.

1 我有中国朋友。 저는 중국 친구가 있어요.
Wǒ yǒu Zhōngguó péngyou.

我有中国朋友。

2 我有男朋友。 저는 남자 친구가 있어요.
Wǒ yǒu nán péngyou.

我有男朋友。

3 我没有孩子。 저는 자녀가 없어요.
Wǒ méi yǒu háizi.

我没有孩子。

1 我学汉语。 저는 중국어를 배워요.
Wǒ xué Hànyǔ.

我学汉语。

---

2 我学瑜伽。 저는 요가를 배워요.
Wǒ xué yújiā.

我学瑜伽。

---

3 我学理财。 저는 재테크를 배워요.
Wǒ xué lǐcái.

我学理财。

---

1 我会开车。 저는 운전을 할 줄 알아요.
Wǒ huì kāichē.

我会开车。

2 我会说越南语。 저는 베트남어를 할 줄 알아요.
Wǒ huì shuō Yuènányǔ.

我会说越南语。

3 我会打高尔夫球。 저는 골프를 칠 줄 알아요.
Wǒ huì dǎ gāo'ěrfūqiú.

我会打高尔夫球。

1 我喜欢自拍。 저는 셀카 찍는 것을 좋아해요.
Wǒ xǐhuan zìpāi.

我喜欢自拍。

---

2 我喜欢钓鱼。 저는 낚시 하는 것을 좋아해요.
Wǒ xǐhuan diàoyú.

我喜欢钓鱼。

---

3 我喜欢玩儿手游。 저는 폰 게임 하는 것을 좋아해요.
Wǒ xǐhuan wánr shǒuyóu.

我喜欢玩儿手游。

---

12 세계 여행을 할 계획이에요.

1 我打算环游世界。   저는 세계 여행을 할 계획이에요.
Wǒ dǎsuàn huányóu shìjiè.

我打算环游世界。

---

2 我打算去中国旅行。   저는 중국을 여행할 계획이에요.
Wǒ dǎsuàn qù Zhōngguó lǚxíng.

我打算去中国旅行。

---

3 我打算去欧洲度假。
Wǒ dǎsuàn qù Ōuzhōu dùjià.
저는 유럽에 가서 휴가를 보낼 계획이에요.

我打算去欧洲度假。

---

13 빵을 먹어요.

1 我吃面包。 저는 빵을 먹어요.
Wǒ chī miànbāo.

我吃面包。

2 他吃米饭。 그는 밥(쌀밥)을 먹어요.
Tā chī mǐfàn.

他吃米饭。

3 她喝咖啡。 그녀는 커피를 마셔요.
Tā hē kāfēi.

她喝咖啡。

14 동영상을 봐요.

1 我看视频。 저는 동영상을 봐요.
Wǒ kàn shìpín.

我看视频。

2 他看电影。 그는 영화를 봐요.
Tā kàn diànyǐng.

他看电影。

3 她听音乐。 그녀는 음악을 들어요.
Tā tīng yīnyuè.

她听音乐。

1 我去超市。 저는 마트에 가요.
Wǒ qù chāoshì.

我去超市。

_____

_____

2 他去游泳馆。 그는 수영장에 가요.
Tā qù yóuyǒngguǎn.

他去游泳馆。

_____

_____

3 他们去游乐园。 그들은 놀이공원에 가요.
Tāmen qù yóulèyuán.

他们去游乐园。

_____

_____

16 지하철을 타요.

1 我坐地铁。 저는 지하철을 타요.
Wǒ zuò dìtiě.

我坐地铁。

---

2 我坐公交车。 저는 버스를 타요.
Wǒ zuò gōngjiāochē.

我坐公交车。

---

3 我骑自行车。 저는 자전거를 타요.
Wǒ qí zìxíngchē.

我骑自行车。

---

17 쇼핑을 해요.

1 我买东西。 저는 쇼핑을 해요.
Wǒ mǎi dōngxi.

我买东西。

2 我买衣服。 저는 옷을 사요.
Wǒ mǎi yīfu.

我买衣服。

3 我买票。 저는 표를 사요.
Wǒ mǎi piào.

我买票。

18 이것을 원해요.

1 我要这个。 저는 이것을 원해요.
Wǒ yào zhège.

我要这个。

2 我要那个。 저는 저것을 원해요.
Wǒ yào nàge.

我要那个。

3 我要新的。 저는 새 것을 원해요.
Wǒ yào xīn de.

我要新的。

1 我做菜。 저는 요리를 해요.
Wǒ zuò cài.

我做菜。

_____

_____

2 我做作业。 저는 과제를 해요.
Wǒ zuò zuòyè.

我做作业。

_____

_____

3 我做生意。 저는 사업을 해요.
Wǒ zuò shēngyi.

我做生意。

_____

_____

20 좀 기다려 주세요.

1 请**等**一下。 좀 기다려 주세요.
Qǐng **děng** yíxià.

请等一下。

_____

_____

2 请**让**一下。 좀 비켜 주세요.
Qǐng **ràng** yíxià.

请让一下。

_____

_____

3 请**试**一下。 한번 해 보세요.
Qǐng **shì** yíxià.

请试一下。

_____

_____

21 이건 뭐예요?

1 这是什么? 이건 뭐예요?
Zhè shì shénme?

这是什么?

_____

_____

2 你喜欢什么? 당신은 무엇을 좋아해요?
Nǐ xǐhuan shénme?

你喜欢什么?

_____

_____

3 她叫什么(名字)? 그녀의 이름은 무엇인가요?
Tā jiào shénme (míngzi)?

她叫什么(名字)?

_____

_____

22 그는 누구예요?

① 他是谁? 그는 누구예요?
Tā shì shéi?

他是谁?

---

② 她找谁? 그녀는 누구를 찾나요?
Tā zhǎo shéi?

她找谁?

---

③ 你喜欢谁? 당신은 누구를 좋아해요?
Nǐ xǐhuan shéi?

你喜欢谁?

---

23 어디에 있어요?

1 你在哪儿? 당신은 어디에 있어요?
Nǐ zài nǎr?

你在哪儿?

_____

_____

2 你家在哪儿? 당신 집은 어디예요?
Nǐ jiā zài nǎr?

你家在哪儿?

_____

_____

3 你去哪儿? 당신은 어디에 가요?
Nǐ qù nǎr?

你去哪儿?

_____

_____

24 우리 언제 만나요?

1 我们什么时候见面? 우리 언제 만나요?
Wǒmen shénme shíhou jiànmiàn?

我们什么时候见面?

---

2 他什么时候回家? 그는 언제 귀가해요?
Tā shénme shíhou huíjiā?

他什么时候回家?

---

3 你什么时候有空? 당신은 언제 시간 있어요?
Nǐ shénme shíhou yǒukòng?

你什么时候有空?

---

25 지금 몇 시예요?

1 现在几点? 지금 몇 시예요?
Xiànzài jǐ diǎn?

现在几点?

2 今天几月几号，星期几?
Jīntiān jǐ yuè jǐ hào, xīngqī jǐ?
오늘은 몇 월 며칠, 무슨 요일이에요?

今天几月几号，星期几?

3 你有几个孩子? 당신은 아이가 몇 명 있어요?
Nǐ yǒu jǐ ge háizi?

你有几个孩子?

26 이거 얼마예요?

1 这个多少钱? 이거 얼마예요?
Zhège duō shao qián?

这个多少钱?

_____

_____

2 那儿有多少人? 그곳에는 몇 사람이 있어요?
Nàr yǒu duō shao rén?

那儿有多少人?

_____

_____

3 你的手机号是多少? 당신의 휴대폰 번호는 몇 번이에요?
Nǐ de shǒujī hào shì duō shao?

你的手机号是多少?

_____

_____

1 我们怎么去? 우리는 어떻게 가요?

Wǒmen zěnme qù?

我们怎么去?

---

2 这个怎么卖? 이건 어떻게 팔아요?

Zhège zěnme mài?

这个怎么卖?

---

3 您怎么称呼? 당신을 어떻게 부르나요?

Nín zěnme chēnghu?

您怎么称呼?

---

28 왜 그녀를 좋아해요?

1 你为什么喜欢她? 당신은 왜 그녀를 좋아해요?
Nǐ wèi shénme xǐhuan tā?

你为什么喜欢她?

---

2 你为什么不参加? 당신은 왜 참가하지 않아요?
Nǐ wèi shénme bù cānjiā?

你为什么不参加?

---

3 你为什么哭? 당신은 왜 울어요?
Nǐ wèi shénme kū?

你为什么哭?

---

1 你喝咖啡还是喝奶茶?

Nǐ hē kāfēi háishi hē nǎichá?

당신 커피 마실래요 아니면 밀크티 마실래요?

你喝咖啡还是喝奶茶?

_____

_____

2 他今天去还是明天去?

Tā jīntiān qù háishi míngtiān qù?

그는 오늘 가나요 아니면 내일 가나요?

他今天去还是明天去?

_____

_____

3 她坐火车还是坐飞机?

Tā zuò huǒchē háishi zuò fēijī?

그녀는 기차를 타나요 아니면 비행기를 타나요?

她坐火车还是坐飞机?

_____

_____

30 얼마나 배웠어요?

1 你学了多长时间?   당신은 얼마 동안 배웠어요?

Nǐ xué le duō cháng shíjiān?

你学了多长时间?

_____

_____

2 你练了多长时间?   당신은 얼마나 연습했어요?

Nǐ liàn le duō cháng shíjiān?

你练了多长时间?

_____

_____

3 你工作了多长时间?   당신은 얼마나 일했어요?

Nǐ gōngzuò le duō cháng shíjiān?

你工作了多长时间?

_____

_____

31 쉬고 싶어요.

1 我想休息。 저는 쉬고 싶어요.
Wǒ xiǎng xiūxi.

我想休息。

---

2 我想去洗手间。 저는 화장실에 가고 싶어요.
Wǒ xiǎng qù xǐshǒujiān.

我想去洗手间。

---

3 我想出去玩儿。 저는 나가서 놀고 싶어요.
Wǒ xiǎng chūqù wánr.

我想出去玩儿。

---

32 사진 찍어도 되나요?

1 这儿可以拍照吗?   여기에서 사진 찍어도 되나요?
Zhèr kěyǐ pāizhào ma?

这儿可以拍照吗?

---

2 前边可以停车吗?   앞쪽에 주차해도 되나요?
Qiánbian kěyǐ tíngchē ma?

前边可以停车吗?

---

3 这个可以打折吗?   이거 할인 되나요?
Zhège kěyǐ dǎzhé ma?

这个可以打折吗?

---

33 이사를 하려고 해요.

1 我要搬家。 저는 이사를 하려고 해요.
Wǒ yào bānjiā.

我要搬家。

---

2 他要去打工。 그는 아르바이트를 하러 가려고 해요.
Tā yào qù dǎgōng.

他要去打工。

---

3 她要找工作。 그녀는 일을 찾으려고 해요.
Tā yào zhǎo gōngzuò.

她要找工作。

---

34 훠궈 먹어본 적 있어요.

1 我吃过火锅。 저는 훠궈를 먹어본 적 있어요.
Wǒ chī guo huǒguō.

我吃过火锅。

2 我去过香港。 저는 홍콩에 가본 적 있어요.
Wǒ qù guo Xiānggǎng.

我去过香港。

3 我看过熊猫。 저는 판다를 본 적 있어요.
Wǒ kàn guo xióngmāo.

我看过熊猫。

35 이미 도착했어요.

1 我已经到了。　저는 이미 도착했어요.
Wǒ yǐjīng dào le.

我已经到了。

2 我已经结婚了。　저는 이미 결혼했어요.
Wǒ yǐjīng jiéhūn le.

我已经结婚了。

3 电影已经开始了。　영화가 이미 시작했어요.
Diànyǐng yǐjīng kāishǐ le.

电影已经开始了。

1 我正在打电话。 저는 통화하는 중이에요.

Wǒ zhèngzài dǎ diànhuà.

我正在打电话。

---

2 他们正在聊天儿。 그들은 수다 떠는 중이에요.

Tāmen zhèngzài liáotiānr.

他们正在聊天儿。

---

3 她正在做运动。 그녀는 운동을 하는 중이에요.

Tā zhèngzài zuò yùndòng.

她正在做运动。

---

37 곧 새해예요.

1 快要新年了。 곧 새해예요.
Kuàiyào xīnnián le.

快要新年了。

---

2 他快要毕业了。 그는 곧 졸업해요.
Tā kuàiyào bìyè le.

他快要毕业了。

---

3 电影快要结束了。 영화가 곧 끝나요.
Diànyǐng kuàiyào jiéshù le.

电影快要结束了。

---

38 밥 먹으며 TV 봐요.

1 我一边吃饭一边看电视。　저는 밥 먹으며 TV를 봐요.
Wǒ yìbiān chīfàn yìbiān kàn diànshì.

我一边吃饭一边看电视。

---

2 他一边开车一边听音乐。
Tā yìbiān kāichē yìbiān tīng yīnyuè.
그는 운전하며 음악을 들어요.

他一边开车一边听音乐。

---

3 他们一边拍手一边唱歌。
Tāmen yìbiān pāishǒu yìbiān chànggē.
그들은 손뼉을 치며 노래를 불러요.

他们一边拍手一边唱歌。

---

39 그는 크고 잘생겼어요.

1 他又高又帅。 그는 크고 잘생겼어요.
Tā yòu gāo yòu shuài.

他又高又帅。

_____

_____

_____

2 桃子又大又甜。 복숭아가 크고 달아요.
Táozi yòu dà yòu tián.

桃子又大又甜。

_____

_____

_____

3 地铁又快又舒服。 지하철은 빠르고 쾌적해요.
Dìtiě yòu kuài yòu shūfu.

地铁又快又舒服。

_____

_____

_____

40 이 음식은 좀 매워요.

1 这道菜有点儿辣。　이 음식은 좀 매워요.

Zhè dào cài yǒudiǎnr là.

这道菜有点儿辣。

2 这个有点儿贵。　이건 좀 비싸요.

Zhège yǒudiǎnr guì.

这个有点儿贵。

3 外边有点儿冷。　밖은 좀 추워요.

Wàibian yǒudiǎnr lěng.

外边有点儿冷。

41 내일부터 휴가예요.

1 我从明天开始休假。 저는 내일부터 휴가 시작이에요.
Wǒ cóng míngtiān kāishǐ xiūjià.

我从明天开始休假。

_____

_____

2 我从九点开始上课。 저는 9시부터 수업 시작이에요.
Wǒ cóng jiǔ diǎn kāishǐ shàngkè.

我从九点开始上课。

_____

_____

3 我从下星期开始减肥。
Wǒ cóng xià xīngqī kāishǐ jiǎnféi.
저는 다음 주부터 다이어트 시작해요.

我从下星期开始减肥。

_____

_____

42 가족과 여행을 가요.

1 我跟家人去旅游。 저는 가족과 여행을 가요.

Wǒ gēn jiārén qù lǚyóu.

我跟家人去旅游。

---

2 我跟同事喝酒。 저는 동료와 술을 마셔요.

Wǒ gēn tóngshì hē jiǔ.

我跟同事喝酒。

---

3 我跟朋友商量。 저는 친구와 상의해요.

Wǒ gēn péngyou shāngliang.

我跟朋友商量。

---

43 자주 지각해요.

1 他经常迟到。 그는 자주 지각해요.

Tā jīngcháng chídào.

他经常迟到。

2 她经常吃方便面。 그녀는 자주 라면을 먹어요.

Tā jīngcháng chī fāngbiànmiàn.

她经常吃方便面。

3 我们经常联系。 우리는 자주 연락해요.

Wǒmen jīngcháng liánxì.

我们经常联系。

44 가끔 배달시켜요.

1 我有时候叫外卖。 저는 가끔 배달을 시켜요.
Wǒ yǒushíhou jiào wàimài.

我有时候叫外卖。

2 他有时候睡午觉。 그는 가끔 낮잠을 자요.
Tā yǒushíhou shuì wǔjiào.

他有时候睡午觉。

3 她有时候上网购物。 그녀는 가끔 온라인 쇼핑을 해요.
Tā yǒushíhou shàngwǎng gòuwù.

她有时候上网购物。

1 看电影的时候请关机。

Kàn diànyǐng de shíhou qǐng guānjī.

영화를 볼 때 휴대폰을 꺼 주세요.

看电影的时候请关机。

---

2 休假的时候我去旅行。   휴가 때 저는 여행을 가요.

Xiūjià de shíhou wǒ qù lǚxíng.

休假的时候我去旅行。

---

3 周末的时候我做家务。   주말에 저는 집안일을 해요.

Zhōumò de shíhou wǒ zuò jiāwù.

周末的时候我做家务。

---

1 今天比昨天凉快。 오늘은 어제보다 시원해요.
Jīntiān bǐ zuótiān liángkuai.

今天比昨天凉快。

2 这个比那个便宜。 이것이 저것보다 저렴해요.
Zhège bǐ nàge piányi.

这个比那个便宜。

3 我比她大两岁。 저는 그녀보다 두 살 많아요.
Wǒ bǐ tā dà liǎng suì.

我比她大两岁。

1 如果有时间，我就去运动。

Rúguǒ yǒu shíjiān, wǒ jiù qù yùndòng.

만약 시간이 있다면 저는 운동하러 갈래요.

如果有时间，我就去运动。

_____

_____

2 如果下雨，我就不去。　만약 비가 오면 저는 안 갈래요.

Rúguǒ xià yǔ, wǒ jiù bú qù.

如果下雨，我就不去。

_____

_____

3 如果喜欢，你就买吧。　만약 맘에 들면 (당신) 사세요.

Rúguǒ xǐhuan, nǐ jiù mǎi ba.

如果喜欢，你就买吧。

_____

_____

1 我觉得他很幽默。 저는 그가 웃기다고 생각해요.
Wǒ juéde tā hěn yōumò.

我觉得他很幽默。

---

2 我觉得她很有礼貌。 저는 그녀가 예의 바르다고 생각해요.
Wǒ juéde tā hěn yǒu lǐamào.

我觉得她很有礼貌。

---

3 我觉得汉语不难。 저는 중국어가 어렵지 않은 것 같아요.
Wǒ juéde Hànyǔ bù nán.

我觉得汉语不难。

---

49 제가 말할게요.

1 我来说一下。 제가 말할게요.
Wǒ lái shuō yíxià.

我来说一下。
_____

_____

2 我来搜索一下。 제가 검색해 볼게요.
Wǒ lái sōusuǒ yíxià.

我来搜索一下。
_____

_____

3 你来介绍一下。 당신이 소개해 보세요.
Nǐ lái jièshào yíxià.

你来介绍一下。
_____

_____

50 행운을 빌어요!

1 祝你好运! 행운을 빌어요!
Zhù nǐ hǎoyùn!

祝你好运!

---

2 祝你生日快乐! 생일 축하해요!
Zhù nǐ shēngrì kuàilè!

祝你生日快乐!

---

3 祝你万事如意! 모든 일이 뜻대로 이뤄지길 바라요!
Zhù nǐ wànshì rúyì!

祝你万事如意!

해 봐!
하루 10분
왕초보 중국어
쓰기 노트